Utilize este código QR para se cadastrar de forma mais rápida:

Ou, se preferir, entre em:
www.moderna.com.br/ac/livro
e siga as instruções para ter acesso aos conteúdos exclusivos do
Livro Digital

6624119751 MAT 2 ENIO ED5 LA_4505

CB053063

Da semente ao livro,
sustentabilidade por todo o caminho

Plantar florestas
A madeira que serve de matéria-prima para nosso papel vem de plantio renovável, ou seja, não é fruto de desmatamento. Essa prática gera milhares de empregos para agricultores e ajuda a recuperar áreas ambientais degradadas.

Fabricar papel e imprimir livros
Toda a cadeia produtiva do papel, desde a produção de celulose até a encadernação do livro, é certificada, cumprindo padrões internacionais de processamento sustentável e boas práticas ambientais.

Criar conteúdos
Os profissionais envolvidos na elaboração de nossas soluções educacionais buscam uma educação para a vida pautada por curadoria editorial, diversidade de olhares e responsabilidade socioambiental.

Construir projetos de vida
Oferecer uma solução educacional Moderna é um ato de comprometimento com o futuro das novas gerações, possibilitando uma relação de parceria entre escolas e famílias na missão de educar!

Taciro Comunicação, Alexandre Santana e Estúdio Pingado

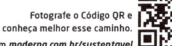

Fotografe o Código QR e conheça melhor esse caminho.
Saiba mais em *moderna.com.br/sustentavel*

Ênio Silveira

Engenheiro mecânico pela Universidade Federal do Ceará – UFC. Engenheiro eletricista pela Universidade de Fortaleza – Unifor. Diretor pedagógico do Sistema ATS de Ensino. Professor de Matemática e Física em escolas particulares do estado do Ceará.

Cláudio Marques

Supervisor pedagógico do Sistema ATS de Ensino. Professor e assessor de Matemática em escolas particulares de Ensino Fundamental do estado do Ceará.

MATEMÁTICA

2

5ª edição

 MODERNA

Coordenação editorial: Mara Regina Garcia Gay

Edição de texto: Carolina Maria Toledo, Daniel Vitor Casartelli Santos, Mateus Coqueiro Daniel de Souza

Assistência editorial: Kátia Tiemy Sido, Paulo Cesar Rodrigues dos Santos, Zuleide Maria Talarico

Gerência de *design* e produção gráfica: Everson de Paula

Coordenação de produção: Patricia Costa

Suporte administrativo editorial: Maria de Lourdes Rodrigues

Coordenação de *design* e projetos visuais: Marta Cerqueira Leite

Projeto gráfico: Bruno Tonel

Capa: Bruno Tonel, Daniel Messias
   Ilustração: Ivy Nunes

Coordenação de arte: Wilson Gazzoni Agostinho

Edição de arte: Regine Crema

Editoração eletrônica: Teclas Editorial

Coordenação de revisão: Elaine C. del Nero

Revisão: Alessandra Abramo, Dirce Y. Yamamoto, Edna Lunna, ReCriar Editorial, Renata Brabo, Tatiana Malheiro, Vera Rodrigues

Coordenação de pesquisa iconográfica: Luciano Baneza Gabarron

Pesquisa iconográfica: Mariana Alencar

Coordenação de *bureau*: Rubens M. Rodrigues

Tratamento de imagens: Fernando Bertolo, Joel Aparecido, Luiz Carlos Costa, Marina M. Buzzinaro

Pré-impressão: Alexandre Petreca, Everton L. de Oliveira, Marcio H. Kamoto, Vitória Sousa

Coordenação de produção industrial: Wendell Monteiro

Impressão e acabamento: EGB Editora Gráfica Bernardi Ltda

Lote: 768532

Cod: 24119751

Dados Internacionais de Catalogação na Publicação (CIP)
(Câmara Brasileira do Livro, SP, Brasil)

Silveira, Ênio
Matemática / Ênio Silveira, Cláudio Marques. –
5. ed. – São Paulo : Moderna, 2019.

Obra em 5 v. para alunos do 1º ao 5º ano.

1. Matemática (Ensino fundamental) I. Marques, Cláudio. II. Título.

19-25565   CDD-372.7

Índices para catálogo sistemático:
1. Matemática : Ensino fundamental   372.7
Maria Alice Ferreira - Bibliotecária - CRB-8/7964

ISBN 978-85-16-11975-1 (LA)
ISBN 978-85-16-12008-5 (LP)

EDITORA MODERNA LTDA.
Rua Padre Adelino, 758 – Belenzinho
São Paulo – SP – Brasil – CEP 03303-904
Vendas e Atendimento: Tel. (0_ _11) 2602-5510
Fax (0_ _11) 2790-1501
www.moderna.com.br
2022
Impresso no Brasil

1 3 5 7 9 10 8 6 4 2

Apresentação

Estimado(a) aluno(a),

Neste livro, vamos apresentar a você, de maneira interessante e criativa, os conhecimentos matemáticos.

Aprender Matemática vai ajudá-lo(a) a compreender melhor o mundo que o(a) cerca. Você vai perceber que a Matemática está presente em casa, na escola, no parque, em todo lugar. Ela é importante no nosso dia a dia, pois nos ajuda a interpretar informações, buscar soluções para problemas cotidianos e tomar decisões.

Embarque conosco nesta viagem surpreendente pelo mundo da Matemática! Você vai fazer descobertas incríveis!

Participe de todas as atividades propostas e cuide bem do seu livro. Ele será seu companheiro durante todo este ano.

Os autores

Aos meus filhos,
Priscila, Ingrid e Ênio Filho, que são
minha inspiração, minha vida.

Ênio Silveira

À minha esposa Letícia,
pela inspiração e compreensão,
com minha admiração e estima.

Cláudio Marques

Como é o seu livro

Durante os estudos, você encontrará neste livro páginas organizadas com o objetivo de facilitar seu aprendizado e torná-lo mais interessante.

Abertura da unidade

Nestas páginas, você terá um primeiro contato com o conteúdo que será estudado em cada unidade, respondendo a algumas questões no **Trocando ideias**.

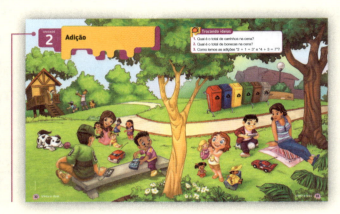

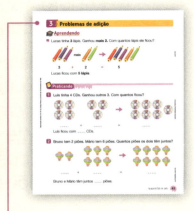

Apresentação do conteúdo

Para cada conteúdo trabalhado na seção **Aprendendo**, há uma sequência de atividades na seção **Praticando**.

Agindo e construindo

Neste boxe, você vai construir coisas legais que ajudarão a entender alguns conceitos.

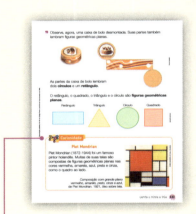

Curiosidade

Este boxe traz informações interessantes que envolvem Matemática.

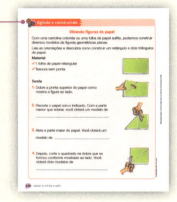

Lendo e descobrindo

Nesta seção, você vai encontrar textos sobre diversos assuntos, como saúde, cidadania, meio ambiente, entre outros.

Resolvendo problemas

Neste boxe, você vai encontrar problemas mais elaborados que os apresentados na unidade.

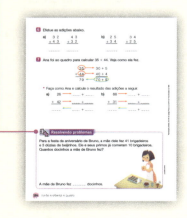

Jogando e aprendendo

Nesta seção, você se reunirá aos colegas para jogar e aprender Matemática.

Educação financeira

São dadas informações sobre o tema estudado de forma clara e organizada.

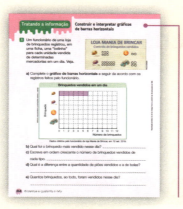

Tratando a informação

Nesta seção, você vai aprender a trabalhar com informações apresentadas em gráficos, quadros e tabelas.

Praticando mais

Estas páginas trazem uma nova sequência de atividades. É importante que você faça todas para perceber o quanto aprendeu.

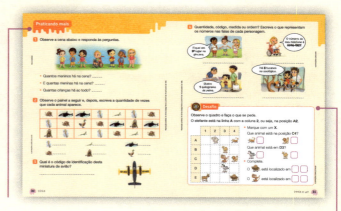

Investigando a chance

Nesta seção, você vai aprender que nem todas as coisas que acontecem têm chances iguais de ocorrer.

Desafio

Ao final de cada unidade, você resolverá pelo menos uma atividade desafiadora para testar seus conhecimentos.

Ícones utilizados na obra

Estes ícones indicam como realizar algumas atividades:

 Elaboração de problemas

 Atividade oral

 Grupo

 Dupla

 Desenho ou pintura

 Cálculo mental

 Calculadora

Atividade no caderno

Ícone com indicação de conteúdo digital

Conteúdo digital
Ícone com indicação de conteúdo digital como animações, jogos e atividades interativas.

Indicam situações em que são abordados temas integradores

 FORMAÇÃO CIDADÃ

 PLURALIDADE CULTURAL

 MEIO AMBIENTE

 SAÚDE

 EDUCAÇÃO FINANCEIRA

Indicação de conteúdo extraclasse

Sugestão de *site*

Indicação de jogos, animações, vídeos e atividades interativas *on-line*.

Os *links* indicados nesta coleção podem estar indisponíveis após a data de publicação deste material.

Sugestão de leitura

Indicação de leitura de livros.

No final do livro digital, você encontra as Atividades para verificação de aprendizagem.

Sumário

UNIDADE 1 — Os números 10

1. Números no cotidiano 12
2. Números de 0 a 9 15
3. Códigos 22
4. Igual ou diferente 23
5. Menor que ou maior que 25
6. Ordem crescente e ordem decrescente 27
- **Jogando e aprendendo** 29
- **Praticando mais** 30

UNIDADE 2 — Adição 32

1. Alguns significados da adição 34
2. Adição de três parcelas 39
3. Problemas de adição 41
- **Tratando a informação** 44
- **Praticando mais** 45

UNIDADE 3 — Subtração e operações inversas 47

1. Significados da subtração 48
2. Problemas de subtração 53
3. Adição e subtração: operações inversas 55
4. Sequências com adição e subtração 57
5. Problemas de adição e de subtração 58
- **Lendo e descobrindo** 59
- **Tratando a informação** 60
- **Praticando mais** 61

UNIDADE 4 — Figuras geométricas 64

1. Paralelepípedo e cubo 66
- **Agindo e construindo** 66
- **Agindo e construindo** 67
2. Pirâmide 69
- **Agindo e construindo** 69
3. Esfera, cilindro e cone 71
- **Agindo e construindo** 71
- **Agindo e construindo** 72
- **Praticando mais** 76

UNIDADE 5 — Mais números 78

1. A dezena e o quadro de ordens 80
2. Números até 19 84
3. Números que indicam ordem 90
4. Números pares e números ímpares 94
5. Dezenas exatas 97
6. Números até 99 102
7. Comparar quantidades 108
8. A centena 110
9. Centenas exatas 112
10. Centenas, dezenas e unidades 115
- **Jogando e aprendendo** 121
11. O número 1000 122
- **Lendo e descobrindo** 123
- **Tratando a informação** 124
- **Praticando mais** 126

UNIDADE 6 — Figuras geométricas planas ... 130

1. Retângulo, quadrado, triângulo e círculo 132
2. Representando figuras geométricas planas 137
● **Agindo e construindo** 138
● **Agindo e construindo** 139
3. Mosaicos 140
● **Jogando e aprendendo** 141
● **Praticando mais** 142

UNIDADE 7 — Medidas de comprimento, massa e capacidade ... 144

1. Medindo comprimentos 146
● **Agindo e construindo** 148
2. Medindo massas 156
3. Medindo capacidades 161
● **Jogando e aprendendo** 167
● **Praticando mais** 168

UNIDADE 8 — Mais adições e subtrações ... 170

1. Adição e subtração até 19 172
2. Adição e subtração de dezenas exatas 177
3. Adição 180
4. Mais adições 186
● **Jogando e aprendendo** 193
5. Subtração 194
6. Mais subtrações 199
7. Problemas de adição e de subtração .. 202
● **Lendo e descobrindo** 205
● **Educação financeira** 206
● **Tratando a informação** 208
● **Praticando mais** 210

UNIDADE 9 — Localização e deslocamento ... 216

1. Planta baixa e mapa 218
2. Deslocamento em malha 220
3. Trajetos e caminhos orientados 222
● **Investigando a chance** 224
● **Praticando mais** 225

UNIDADE 10 — Multiplicação ... 227

1. As ideias da multiplicação 228
2. Tabuada do 2 236
3. O dobro 238
4. Tabuada do 3 240
5. O triplo 242
6. Tabuada do 4 244
7. Tabuada do 5 246
● **Tratando a informação** 248
● **Praticando mais** 250

UNIDADE 11 — Divisão ... 254

1. As ideias da divisão 255
2. Metade 263
3. Dúzia e meia dúzia 265
4. Terço 267
● **Tratando a informação** 268
● **Praticando mais** 270

UNIDADE 12 — Medidas de tempo e temperatura ... 272

1. O relógio 274
2. Os dias da semana 277
3. Os meses do ano e o calendário 278
4. O termômetro 281
● **Tratando a informação** 283
● **Praticando mais** 284

Sugestões de leitura 287

Material complementar 289

Os números

Trocando ideias

1. O que foi usado na placa do carro para identificá-la?

2. Que horas marca o relógio?

3. O que indicam os números na caixa do jogo?

ENAGIO COELHO

Aprendendo

Observe os números nas ilustrações a seguir.

Os números do placar representam **ordem**.

1º LUGAR	CARLOS
2º LUGAR	VÍTOR
3º LUGAR	ALAN

Sugestão de leitura

Era uma vez um menino travesso..., de Bia Villela.

Leia mais informações sobre esse livro na página 287.

O número no cronômetro representa **medida**.

WILSON

O número no pacote de bombons indica **quantidade**.

Os números no telefone representam **código**.

ILUSTRAÇÕES: DANILLO SOUZA

Praticando

1 Escreva o que representa cada número: quantidade, código, medida ou ordem.

---

2 Ana representou a quantidade de meninos e de meninas da turma dela, pintando quadrinhos. Represente com números essas quantidades.

Quantidade de meninos

Quantidade de meninas

3 Pinte de  a camiseta do menino que provavelmente chegará em primeiro lugar e de a camiseta do menino que provavelmente será o quinto colocado.

4 Os livros a seguir devem ser numerados de 1 a 10 para facilitar a localização deles na biblioteca. Complete a numeração.

5 A marca azul nos recipientes indica a quantidade de líquido que cada um possui. Ligue cada recipiente à etiqueta correspondente.

6 litros   4 litros   2 litros

a) Quantos litros tem cada parte do recipiente? _____

b) Qual recipiente tem mais líquido? E qual tem menos? _____

_____

c) Nos recipientes cabe a mesma quantidade de líquido?

Aprendendo

Bruno numerou suas caixas de brinquedo de 1 até 9 e as colocou na prateleira do seu quarto.

Praticando

1 Complete com a quantidade de bloquinhos que formam cada pilha.

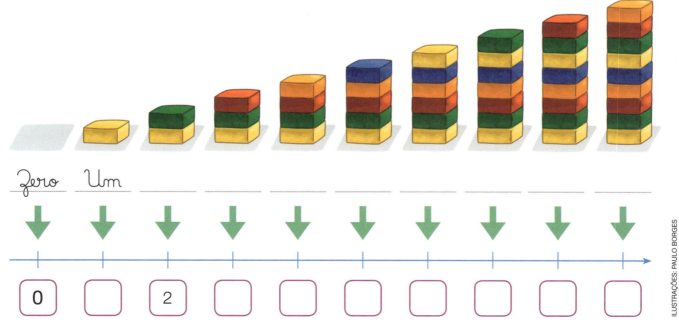

Zero   Um

| 0 | | 2 | | | | | | | |

2 Pinte o semáforo com suas 3 cores. Depois, escreva o que significa cada uma delas.

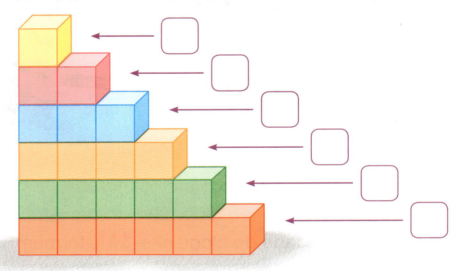

_____

_____

_____

_____

3 Quantos blocos há em cada linha?

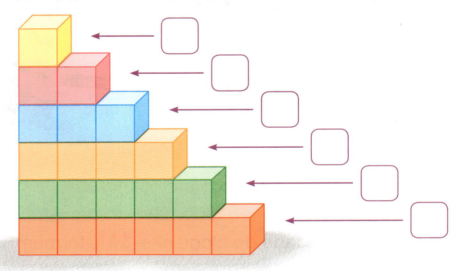

4 Pinte a bandeira do Brasil, utilizando suas quatro cores.

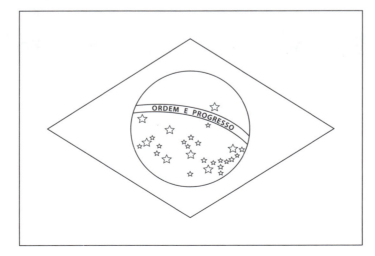

5 Este é o símbolo das olimpíadas. Pinte cada uma das argolas com a cor indicada.

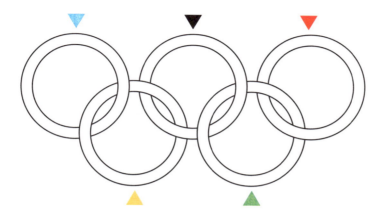

a) Quantas cores você utilizou? _____

b) Quantas letras tem a palavra **atleta**? _____

6 Foi feita uma pesquisa com um grupo de crianças para saber qual era a fruta de que mais gostavam.

O gráfico a seguir representa o resultado dessa pesquisa.

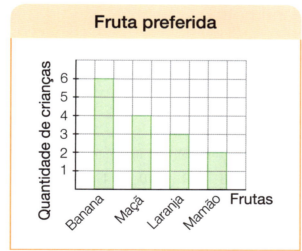

Fonte: Dados obtidos pelo grupo de crianças.

- Agora, observe o gráfico e responda.

  a) Que fruta foi mais escolhida? _____

  b) Que fruta foi menos escolhida? _____

  c) Quantas crianças preferem maçã? _____

7 A turma vai participar de uma gincana.

- Pinte a camiseta das personagens que estão com os números sete, oito e nove.

8 Na régua, cada espaço entre dois traços numerados e seguidos corresponde a 1 centímetro.

├──────┤
1 centímetro

- Qual é o comprimento desta lapiseira? _____

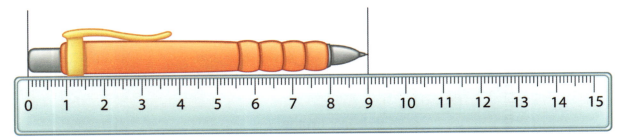

9 Reordene as letras abaixo e descubra o nome da figura geométrica que tem os quatro lados com medidas iguais.

U	A	Q	D	A	R	O	D

Esse nome tem:

_____ letras, sendo _____

vogais e _____ consoantes.

10 Escreva quantos cubos há em cada bloco.

 _____ cubos

 _____ cubos

 11 Pinte conforme as instruções.

- 7 quadrinhos de verde.
- 8 quadrinhos de vermelho.
- 9 quadrinhos de azul.

12 Observe a ilustração ao lado. Depois, responda.

a) Quantos peixes há no aquário?

_____

b) Que número pode representar essa quantidade?

_____

Os números digitais

Nos relógios digitais, nas calculadoras e em alguns elevadores, os símbolos de 0 a 9 são escritos da seguinte forma:

0 1 2 3 4 5 6 7 8 9

13 Atenção para a contagem regressiva na passagem de ano! Complete.

10, 9, 8, 7, 6, 5, 4, _____, _____, _____, _____

14 Escreva o número que representa a quantidade de quadrinhos de cada cor.

FERNANDO JOSÉ FERREIRA

 _____    _____    _____

 _____    _____   _____

 _____   _____   _____

15 Conte cada tipo de material escolar e escreva as quantidades nos quadrinhos.

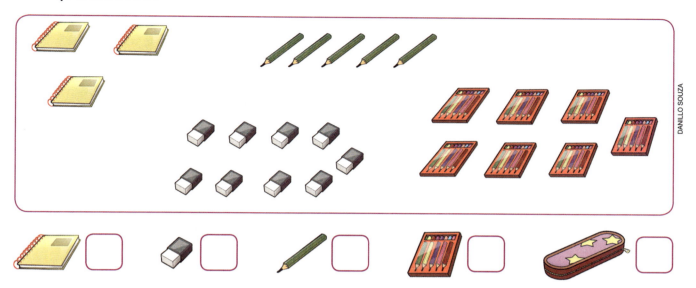

16 Observe a brinquedoteca abaixo. Depois, responda.

a) Quantos ursinhos há na prateleira mais baixa? E na mais alta?

_____

b) Quantos carrinhos há nessa brinquedoteca?

_____

c) Quantas crianças há nessa brinquedoteca?

_____

3 Códigos

Aprendendo

🔲 Os símbolos de 0 a 9 são denominados **algarismos**. Eles também são usados para formar códigos.

As principais cidades do país possuem um código de discagem direta a distância (DDD), formado por 2 algarismos, que as identifica.

Por exemplo, o DDD de São Paulo é 11. Ao ligar de uma localidade com DDD diferente de 11 é preciso acrescentar o zero, o código da operadora e o DDD 11 antes do número de telefone. Veja o código de outras cidades.

Cidade	DDD
Rio de Janeiro	21
Salvador	71
Florianópolis	48
São Luís	98
Manaus	92
Teresina	86

Praticando

Observe as ilustrações.

- Cerque com uma linha a ilustração que contém algarismos que formam um código.

4 Igual ou diferente

🎓 Aprendendo

◤ Observe a situação ilustrada abaixo.

Cada criança está ligada a um copo de suco de laranja.

Note que as crianças e os copos de suco de laranja estão em correspondência um a um, ou seja, há um copo de suco de laranja para cada criança.

A quantidade de crianças é **igual à** quantidade de copos de suco de laranja.

$$2 = 2 \text{ (lemos: dois é \textbf{igual a} dois)}$$

◤ Observe, agora, esta outra situação ilustrada.

Cada criança está ligada a um balão.

As crianças e os balões **não** estão em correspondência um a um. Perceba que sobrou um balão.

A quantidade de crianças é **diferente** da quantidade de balões.

$$2 \neq 3 \text{ (lemos: dois é \textbf{diferente} de três)}$$

Praticando

1 Ligue cada criança a uma mesa. Depois, faça o que se pede.

a) Quantas mesas há nessa cena? _____

b) Quantas crianças aparecem na cena? _____

c) A quantidade de mesas é igual à quantidade de crianças ou é diferente?

_____

d) Complete: cinco é _____ a cinco ou _____ = _____.

2 Escreva a quantidade de triângulos indicada e complete com = ou ≠.

a)

b)

3 Complete com os sinais = ou ≠.

a) 2 _____ 3   **c)** 6 _____ 6   **e)** 8 _____ 8   **g)** 3 _____ 3

b) 5 _____ 7   **d)** 8 _____ 7   **f)** 9 _____ 9   **h)** 1 _____ 6

🎓 Aprendendo

🔸 Observe a cena.

ENAGIO COELHO

Veja que as crianças e os patinetes não estão em correspondência um a um.

A quantidade de crianças é **menor que** a quantidade de patinetes.

Podemos escrever:

$$3 < 4 \text{ (lemos: três é \textbf{menor que} quatro)}$$

Quantos patinetes tem a mais que a quantidade de crianças?

🔸 Agora, observe a ilustração a seguir.

WILSON

Note que os macacos e as bananas não estão em correspondência um a um.

A quantidade de macacos é **maior que** a quantidade de bananas.

Podemos escrever:

$$3 > 2 \text{ (lemos: três é \textbf{maior que} dois)}$$

Quantas bananas tem a menos que a quantidade de macacos?

1 Observe o exemplo e, depois, escreva por extenso as expressões a seguir.

Exemplo:

7 > 5 Sete é maior que cinco.

a) 6 < 9 _____

b) 8 > 3 _____

2 Complete usando os sinais < ou >.

a)

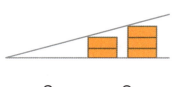

2 _____ 3

b)

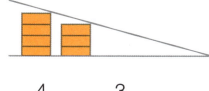

4 _____ 3

c)

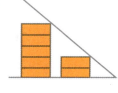

5 _____ 2

3 Empregue corretamente os sinais =, > ou <.

a) 6 _____ 3

b) 1 _____ 4

c) 8 _____ 9

d) 6 _____ 6

e) 5 _____ 3

f) 3 _____ 1

4 Marque com um **X** as frases corretas.

a) 3 é menor que 4. ☐

b) 3 é menor que 2. ☐

c) 5 é menor que 9. ☐

d) 8 é menor que 6. ☐

5 Cerque com uma linha os números que são maiores que 5.

4   7   0   5   2   1   6   8   3   9

ILUSTRAÇÕES: ADILSON SECCO

🎓 Aprendendo

Bruno está brincando de empilhar bloquinhos.

Em cada coluna, ele colocou um bloquinho a mais do que na coluna anterior. Podemos dizer que as colunas estão em ordem crescente de quantidade.

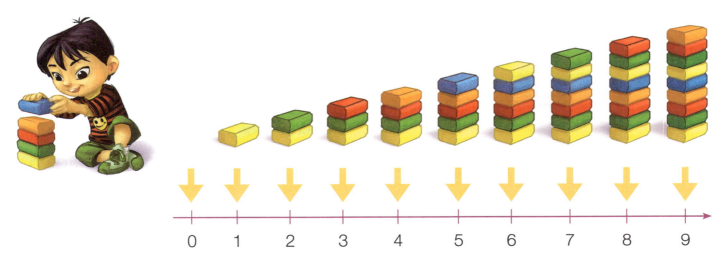

Mário está brincando com a bola na escada numerada.

Nessa escada, os números aumentam a cada degrau na subida e diminuem a cada degrau na descida.

Ordem crescente
(do menor para o maior)

Ordem decrescente
(do maior para o menor)

1. O professor Luís pediu aos alunos que se organizassem em ordem crescente de altura, ou seja, da criança mais baixa para a mais alta.

Ângelo   Maria   Roberta   Jorge   Carlos

- Quais alunos precisam mudar de posição para que a fila fique em ordem crescente de altura?

_____

2. Escreva os números que vêm imediatamente antes e imediatamente depois de:

a) 7

b) 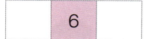 6

c) 8

3. Escreva os números a seguir em ordem crescente.

7   5   1   3   2   6

_____

4. Escreva estes números em ordem decrescente.

2   9   6   4   3   7

_____

Material

- ✓ Dado da página **A1**
- ✓ Tabela abaixo

> **Dica**
> - Depois de montar o dado, guarde-o com cuidado para usá-lo sempre que necessário.

Maneira de brincar

1. Reúna-se a um colega, e cada um monta o seu dado.

2. Os dois jogadores lançam os dados ao mesmo tempo.

3. Comparem os pontos obtidos nos dados. O vencedor da jogada será aquele que obteve **menos** pontos no dado.

4. Marque com um **X** (cada jogador em sua tabela), quem foi o vencedor da jogada.

5. Caso os pontos sejam iguais, marca-se um **X** para cada jogador.

6. Ganha o jogo aquele que vencer mais jogadas.

Anotações do jogo	Vencedor	
Jogada	Você	Seu colega
1ª jogada		
2ª jogada		
3ª jogada		
4ª jogada		
5ª jogada		

Ganhei essa jogada!

Agora, responda.

- Qual é o maior número de pontos que pode ser obtido em um dado? E o menor? _____

1 Observe a cena abaixo e responda às perguntas.

- Quantos meninos há na cena? _____

- E quantas meninas há na cena? _____

- Quantas crianças há ao todo? _____

2 Observe o painel a seguir e, depois, escreva a quantidade de vezes que cada animal aparece.

3 Qual é o código de identificação desta miniatura de avião?

_____

S7-402   S7-402

4 Quantidade, código, medida ou ordem? Escreva o que representam os números nas falas de cada personagem.

Fiquei em 5º lugar na gincana.

O número do meu telefone é **0046-1927**.

_____

Quero **1** quilograma de peixe.

Há **3** tucanos no zoológico.

_____

ILUSTRAÇÕES: EDNEI MARX

🌀 Desafio

Observe o quadro e faça o que se pede.

O elefante está na linha **A** com a coluna **2**, ou seja, na posição **A2**.

	1	2	3	4
A		🐘		🦊
B			🐫	
C			🐒	🦁
D			🦓	
E	🐴			🐃

- Marque com um **X**.

  Que animal está na posição **C4**?

   ☐   ☐

  Que animal está em **D3**?

   ☐   ☐

- Complete.

  O 🐃 está localizado em ☐ ☐.

  O 🐒 está localizado em ☐ ☐.

ILUSTRAÇÕES: DANILLO SOUZA

Adição

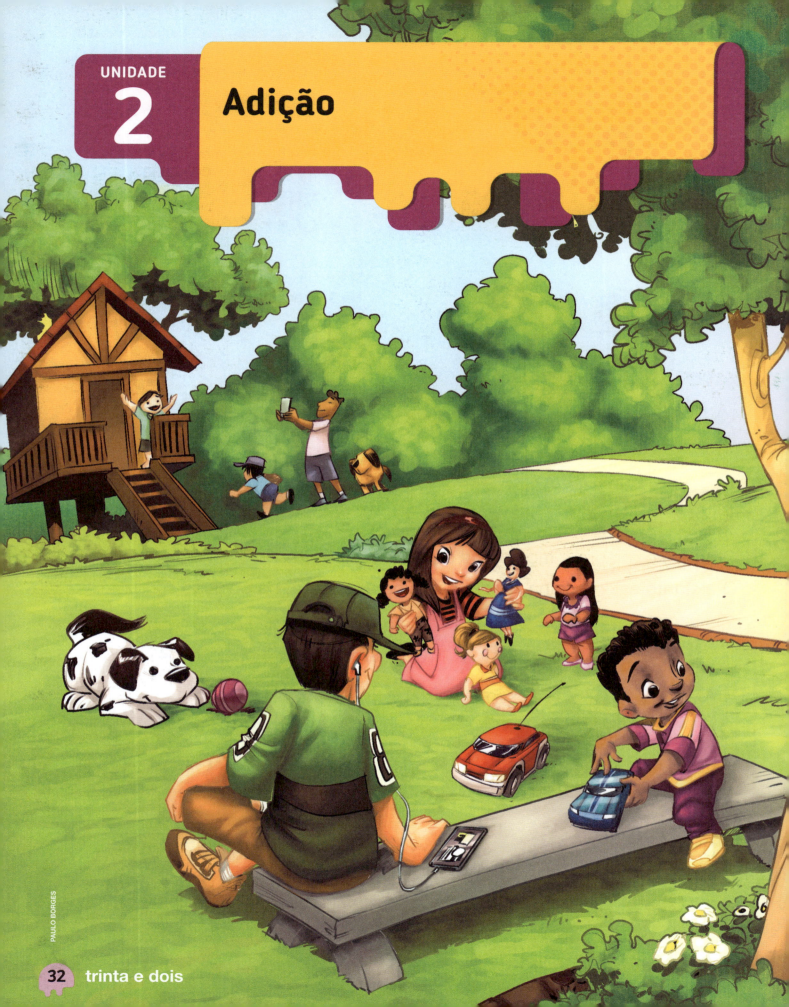

1. Qual é o total de carrinhos na cena?

2. Qual é o total de bonecas na cena?

3. Como lemos as adições "2 + 1 = 3" e "4 + 3 = 7"?

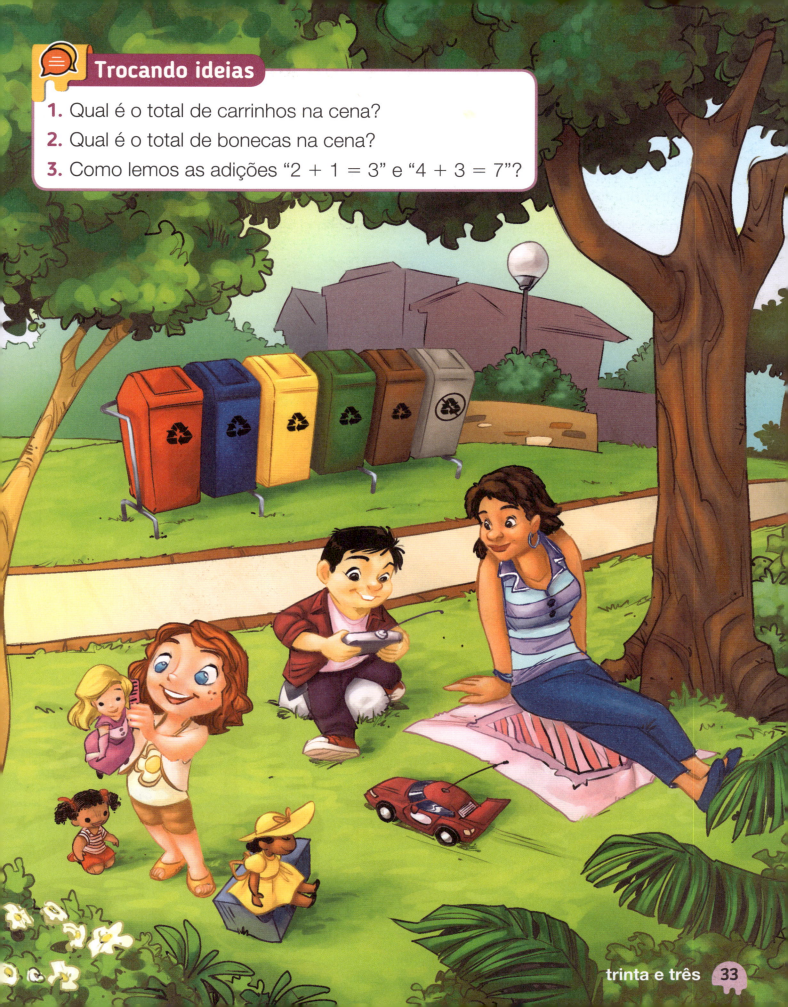

Aprendendo

- Um significado associado à adição é o de **juntar** quantidades.

Vamos analisar o exemplo.

A mãe de Mário organizou os seus vasos em duas prateleiras.

Na prateleira de cima há 4 vasos e na de baixo há 3 vasos. Ao todo, temos 7 vasos.

Representamos assim: 4 + 3 = 7

4 **mais** 3 **é igual a** 7

- Outro significado associado à adição é o de **acrescentar** uma quantidade a outra. Veja o exemplo.

Isabel brincava com os seus 4 ursinhos quando tia Sofia lhe trouxe outros 2 ursinhos.

Isabel ficou com 6 ursinhos.

Podemos representar assim: 4 + 2 = 6

4 **mais** 2 **é igual a** 6

Observe que, para indicar uma adição, utilizamos o sinal + (lemos: **mais**).

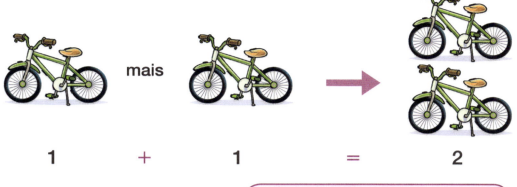

mais

1   +   1   =   2

Veja no quadro ao lado como esta adição também pode ser representada.

1	←	parcela
+ 1	←	parcela
2	←	soma ou total

Os números que são adicionados são chamados de **parcelas**.

O **resultado da adição** chama-se **soma** ou **total**.

Praticando

1 Daniel tem 5 conchas e Luana, 3. Quantas conchas os dois têm juntos?

Daniel e Luana têm juntos _____ conchas.

2 Pinte os quadrinhos a seguir de acordo com a indicação.

Resultado igual a 6.

Resultado igual a 7.

Resultado igual a 8.

| 3 + 3 | 3 + 5 | 2 + 5 |
| 1 + 6 | 4 + 2 | 2 + 6 |

• Agora, escreva em seu caderno diferentes adições cujo resultado seja igual a 10.

3 Observe o exemplo e efetue as adições de acordo com as figuras.

Exemplo: Total

3   +   1   =   4

_3_ + _____ = _____

Total

_____ + _____ = _____

Total

_____ + _____ = _____

---

4 Observe a quantia que Iaci tinha e quanto ela ganhou.

Iaci tinha:

Iaci ganhou:

- Com quantos reais Iaci ficou ao todo? _____

---

5 Determine o resultado de cada adição.

a) 2 + 1 = _____   **c)** 2 + 2 = _____   **e)** 5 + 1 = _____

b) 2 + 6 = _____   **d)** 3 + 3 = _____   **f)** 4 + 3 = _____

---

6 Complete com os sinais = (igual) ou ≠ (diferente).

a) 2 + 2 _____ 3 + 2   **c)** 1 + 7 _____ 6 + 2   **e)** 4 + 4 _____ 2 + 6

b) 5 + 0 _____ 0 + 5   **d)** 5 + 4 _____ 3 + 4   **f)** 8 + 0 _____ 5 + 2

7 Em cada caso, pinte todos os objetos que podemos comprar com a quantia indicada, sem sobrar troco.

Dica
- Destaque as cédulas e moedas da página **A2** para auxiliar nas atividades.
- Monte o envelope da página **A3** para guardar o material.

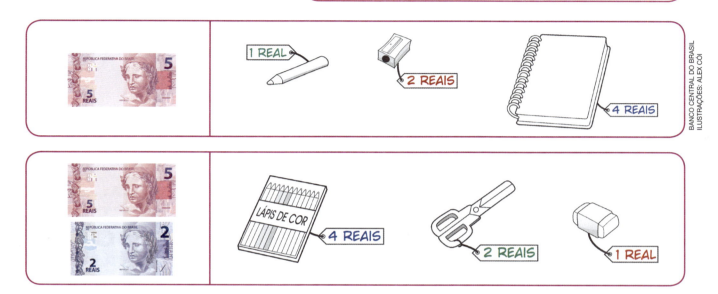

8 Uma pesquisa foi realizada com alguns alunos da turma de João para saber qual é o esporte que mais gostam de praticar. O resultado da pesquisa foi apresentado no gráfico ao lado. Cada quadrinho pintado representa um aluno.

Alunos pesquisados. Fev., 2019.

a) De acordo com o gráfico, 4 alunos preferem futebol. Quantos preferem vôlei? E quantos preferem basquete? _____

b) Que esporte é representado pela coluna mais alta? _____

c) Considerando o total de votos que cada esporte recebeu, qual é o esporte preferido dos alunos entrevistados? _____

d) No total, quantos alunos foram entrevistados? _____

9 Priscila e Ângela estavam passeando em um jipe. Encontraram 3 colegas e os convidaram para passear. Agora, quantas pessoas passearão no jipe?

Agora, _____ pessoas passearão no jipe.

10 Veja as teclas que Bruno digitou em uma calculadora para adicionar 1 a 6.

Calcule o resultado de cada adição abaixo e, depois, confira-o usando uma calculadora.

2 + 5 = _____

5 + 3 = _____

6 + 3 = _____

11 Invente um problema de adição relacionado à cena abaixo. Escreva o enunciado do problema no caderno. Depois, resolva-o.

 Aprendendo

🔲 Iaci tinha 4 reais, Isabela tinha 3 reais, e Ana, 2 reais. Elas decidiram juntar a quantia que possuíam para comprar figurinhas. Veja como elas fizeram para saber a quantia total que possuíam.

Primeiro, **juntaram** a quantia de Iaci à de Isabela.

Depois, **juntaram** esse **total** à quantia de Ana.

Então:

Iaci
[4 reais]   +   Isabela
[3 reais]

[7 reais]   +   Ana
[2 reais]   =   [9 reais]

Elas concluíram que **juntas** tinham 9 reais.

🔶 Praticando

1 Resolva as operações a seguir, conforme o exemplo.

Exemplo:
1 + 2 + 3 =
= 3 + 3 = 6

c)   3 + 4 + 2 =

= _____ + _____ = _____

a)   3 + 2 + 1 =

= _____ + _____ = _____

d)   1 + 3 + 4 =

= _____ + _____ = _____

b)   5 + 1 + 2 =

= _____ + _____ = _____

e)   2 + 5 + 2 =

= _____ + _____ = _____

2 Complete os espaços em branco e determine o total.

a) 2 + 1 + 3 =

= _____ + _____ = _____

b) 2 + 1 + 3 =

= _____ + _____ = _____

3 Identifique as parcelas desconhecidas das adições. Depois, complete os desenhos com a respectiva quantidade de círculos.

a) 2 + 1 + _____ = 8

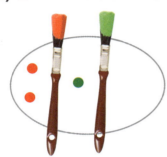

b) 3 + _____ + 2 = 9

c) _____ + 4 + 2 = 7

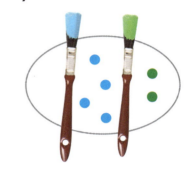

4 Observe os pontos obtidos por Mário e Iaci em um jogo e faça o que se pede.

a) Adicionando os pontos dos três dados, quantos pontos

Mário obteve? _____

b) Adicionando os pontos dos três dados, quantos pontos

Iaci obteve? _____

c) Quem obteve mais pontos?

_____

• Agora, reúna-se com um colega e façam como Mário e Iaci fizeram: joguem 3 dados, um de cada vez, anotem no caderno e adicionem os pontos dos três dados para descobrir quem obteve mais pontos.

3 : Problemas de adição

🎓 Aprendendo

◼ Lucas tinha **3** lápis. Ganhou **mais 2.** Com quantos lápis ele ficou?

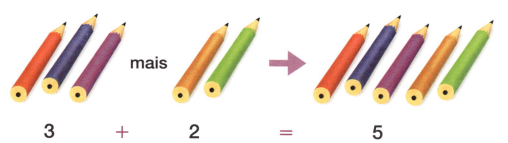

| 3 | + | 2 | = | 5 |

Lucas ficou com **5 lápis**.

✏️ Praticando

1 Luís tinha 4 CDs. Ganhou outros 3. Com quantos ficou?

_____ + _____ = _____

Luís ficou com _____ CDs.

2 Bruno tem 2 piões. Mário tem 6 piões. Quantos piões os dois têm juntos?

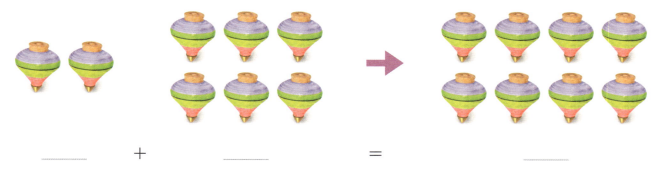

_____ + _____ = _____

Bruno e Mário têm juntos _____ piões.

3 Observe os brinquedos e seus respectivos preços.

1 real

2 reais

4 reais

5 reais

- Agora, dê o valor total de cada compra a seguir.

   a) Uma bola e um avião ▶ _____ reais

   b) Um barco e um carrinho ▶ _____ reais

   c) Um carrinho e um avião ▶ _____ reais

   d) Uma bola, um barco e um carrinho ▶ _____ reais

4 Observe como Mateus fez para aparecer o número 6 no visor de sua calculadora sem pressionar a tecla 6. Ele usou apenas adições.

2 + 4 = 6

1 + 2 + 3 = 6

- Agora é sua vez! Use apenas adições para encontrar os números que aparecem nos visores.

a)

☐ + ☐ = 8

b)

☐ + ☐ + ☐ = 8

c) ☐ + ☐ + ☐ = 9

d)  ☐ + ☐ + ☐ = 9

Reprodução proibida. Art.184 do Código Penal e Lei 9.610 de 19 de fevereiro de 1998.

5 Observe a ilustração e responda às questões.

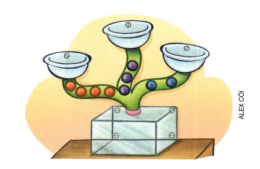

a) Quantas bolas vão cair na caixa? _____

b) Como você pode representar a operação correspondente à quantidade de bolinhas que cairá na caixa? _____

6 Durante alguns dias, Carlos observou o tempo e verificou se fazia sol, se estava nublado ou se chovia. Veja a tabela que ele montou com base em suas observações e faça o que se pede.

Condição do tempo	
Tempo	Número de dias
☀️	4
☁️	2
🌧️	2

Dados obtidos por Carlos, no mês de setembro de 2018.

a) Em quantos dias fez sol? _____

b) Em quantos dias não choveu? _____

c) Ao todo, quantos dias foram observados por Carlos? _____

d) Escreva a adição que corresponde ao resultado do item anterior.

_____

Resolvendo problemas

Ricardo saiu de manhã para trabalhar. Levou uma hora para chegar ao trabalho e lá permaneceu por 6 horas. Depois, levou mais uma hora para chegar a sua casa. A que horas Ricardo chegou a sua casa?

_____

_____

1 Leia as informações no jornal ao lado sobre as medalhas conquistadas pelos atletas brasileiros nos Jogos Olímpicos Rio 2016, no Brasil.

Fonte: Comitê Olímpico do Brasil (COB). Disponível em: <https://jogos.cob.org.br/Rio2016/Resultados/Inicio>. Acesso em: 14 maio 2019.

a) Complete a tabela abaixo com o número de medalhas conquistadas pelo Brasil nos Jogos Olímpicos Rio 2016.

Medalhas conquistadas pelo Brasil nos Jogos Olímpicos Rio 2016			
Tipo de medalha			
Número de medalhas			

Dados obtidos pelo Comitê Olímpico do Brasil (COB), em 2016.

b) Que tipo de medalha o Brasil mais conquistou? _____

c) Quais tipos de medalha o Brasil conquistou na mesma quantidade?

_____

d) Quantas medalhas de ouro o Brasil conquistou a mais que as de bronze?

_____

e) Quantas medalhas, ao todo, o Brasil conquistou nos Jogos Olímpicos Rio 2016? _____

1 Em cada caso, quantos dedos estão esticados?

a)  2

 + 4
____

b)  4

 + 2
____

c)  3

 + 4
____

2 Observe o placar do jogo de vôlei e responda às perguntas a seguir.

PLACAR	
Dupla A	Dupla B
2	3

a) Quantos pontos foram feitos nessa partida até o momento? _____

b) Que dupla fez mais pontos até o momento? _____

3 Mário tinha 7 figurinhas e ganhou mais 2. Com quantas figurinhas ele ficou?

_____

4 Iaci jogou três dados, como mostra a ilustração ao lado.
Observe quantos pontos cada um está marcando.

a) Qual foi a maior pontuação obtida por Iaci

em um dado? E a menor? _____

b) Quantos pontos Iaci obteve

no total? _____

5 O caminho percorrido por
Mário está representado no
quadriculado pelas linhas
laranja e verde.

Cada passo de Mário
corresponde a um dos lados
dos quadrinhos que formam
a malha quadriculada.

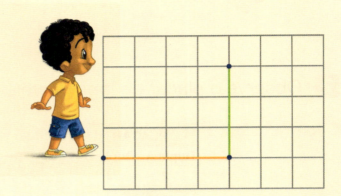

• Observe o quadriculado e complete.

a) A linha laranja corresponde a _____ passos de Mário.

b) A linha verde corresponde a _____ passos de Mário.

c) Mário deu, ao todo, _____ passos.

Desafio

Observe as ilustrações, descubra a regra e complete.

a)

b)

c)

Subtração e operações inversas

Sorvete de banana no saquinho

Ingredientes
6 bananas nanicas maduras
4 copos de leite
4 colheres de sopa de leite em pó
Saquinhos para embalar

Modo de preparo
Em um liquidificador, bata bem as bananas, o leite em pó e o leite. Depois, coloque em saquinhos. Dê um nó na ponta de cada saquinho e leve ao *freezer* todos os sorvetes embalados. Consuma congelado.

AL STEFANO

💬 Trocando ideias

1. Quantas bananas eles já pegaram para preparar a receita? Quantas faltam?

2. Você já experimentou sorvete de saquinho? Gostou?

1 Significados da subtração

🎓 Aprendendo

🔲 Acompanhe esta situação. Ela envolve um significado associado à subtração: o de **separar** uma quantidade de outra.

Iaci quer guardar os 7 desenhos que fez na escola. Ela colocou 3 desenhos na pasta azul e os demais vai colocar na pasta vermelha.

1º momento

2º momento

Iaci tinha 7 desenhos a serem guardados. Ela guardou 3 na pasta azul.

Restaram 4 para serem guardados na pasta vermelha.

Representamos assim: 7 − 3 = 4 (lemos: sete **menos** três **é igual a** quatro)

🔲 Agora, analise a situação seguinte, que envolve uma subtração com o significado de **retirar** uma quantidade de outra.

Na casa de Ana há um pé de morango. Observe como estava antes de ela colher alguns morangos para comer e como ele ficou depois.

Antes

Depois

No pé de morango havia 6 morangos. Ana colheu 5 morangos.
Restou 1 morango no pé de morango.

Representamos assim: 6 − 5 = 1 (lemos: seis **menos** cinco **é igual a** um)

🔹 Na próxima situação, o significado da subtração envolvida é o de **completar**.

Mário comprou 4 latinhas de suco. O vendedor as entregou em uma caixa em que cabem 6 latinhas.

Nessa caixa cabem 6 latinhas de suco. Há 4 latinhas de suco nessa caixa. Para completar a caixa, faltam 2 latinhas de suco.

Representamos assim: 6 – 4 = 2 (lemos: seis **menos** quatro **é igual a** dois)

🔹 Além desses significados associados à subtração, também há o de **comparar** quantidades. Observe a situação abaixo.

Veja as maçãs que a avó de Isabela colheu em seu pomar para fazer torta.

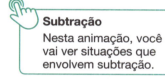
Subtração
Nesta animação, você vai ver situações que envolvem subtração.

Na caixa menor há 6 maçãs. Na caixa maior há 9 maçãs. Na caixa maior há 3 maçãs a mais que na caixa menor.

Representamos assim: 9 – 6 = 3 (lemos: nove **menos** seis **é igual a** três)

Os termos da subtração chamam-se **minuendo**, **subtraendo** e **resto** ou **diferença**. Esses termos estão identificados na operação de subtração ao lado.

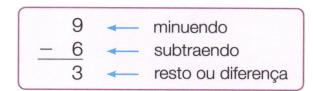

9   ← minuendo
– 6   ← subtraendo
3   ← resto ou diferença

1 Observe a cena abaixo.

📖 **Sugestão de leitura**

Quem ganhou o jogo? – Explorando a adição e a subtração, de Ricardo Dreguer.

Leia mais informações sobre esse livro na página 287.

JOSÉ LUÍS JUHAS

- Agora, complete.

   a) Izabel tinha **7** cadernos. Ela deu _____ de seus cadernos a Luana

   e ficou com _____ cadernos.

   b) Escreva uma subtração que represente essa situação.

   _____ – _____ = _____

2 Observe as cenas e registre o resultado das subtrações.

a)

5 – 1 = _____

b)

5 – 3 = _____

ILUSTRAÇÕES: PAULO BORGES

- O que representa o resultado das subtrações em cada caso?

_____

_____

_____

3 Quantos pinos de boliche restam em pé?

a)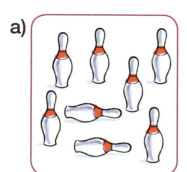

$8 - 2 =$ _____

b)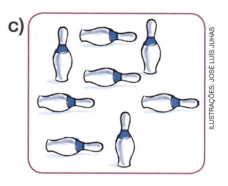

$8 - 4 =$ _____

c)

$8 - 5 =$ _____

4 Efetue as subtrações a seguir.

a)
$$\begin{array}{r} 2 \\ -\ 0 \\ \hline \end{array}$$

b)
$$\begin{array}{r} 6 \\ -\ 4 \\ \hline \end{array}$$

c)
$$\begin{array}{r} 7 \\ -\ 2 \\ \hline \end{array}$$

d)
$$\begin{array}{r} 8 \\ -\ 3 \\ \hline \end{array}$$

e)
$$\begin{array}{r} 5 \\ -\ 3 \\ \hline \end{array}$$

5 Conforme o exemplo, represente com figuras cada subtração e, depois, escreva o resultado.

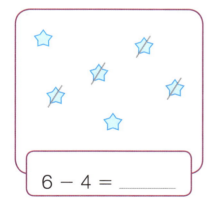

$6 - 4 =$ _____

$7 - 3 =$ _____

$7 - 6 =$ _____

$7 - 4 =$ _____

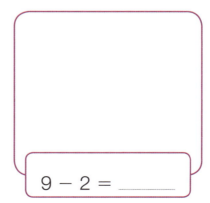

$9 - 2 =$ _____

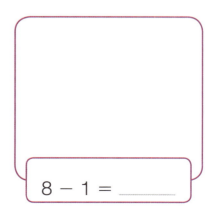

$8 - 1 =$ _____

6 De acordo com o código de cores, pinte o compartimento de carga de cada caminhão com a cor referente ao resultado da subtração.

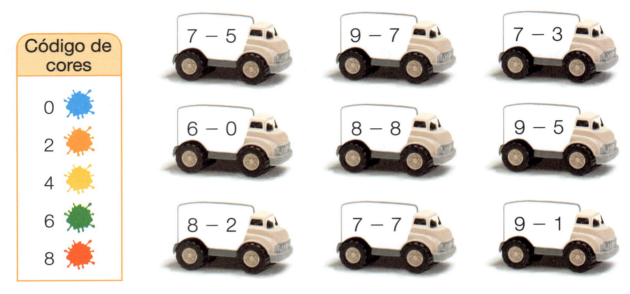

Código de cores

0
2
4
6
8

Caminhões:
7 − 5
9 − 7
7 − 3
6 − 0
8 − 8
9 − 5
8 − 2
7 − 7
9 − 1

7 Veja as teclas que laci digitou em uma calculadora para subtrair 2 de 6.

6 − 2 =

- Calcule o resultado de cada subtração abaixo e depois confira-o usando uma calculadora.

8 − 2 = _____

9 − 5 = _____

7 − 6 = _____

9 − 7 = _____

7 − 4 = _____

7 − 2 = _____

8 − 6 = _____

8 − 5 = _____

9 − 4 = _____

2 Problemas de subtração

🎓 Aprendendo

📌 Observe a cena a seguir.

Havia **6** gatinhos dentro do cesto. **2** deles saíram. Quantos gatinhos permaneceram no cesto?

6 − 2 = 4

Permaneceram no cesto **4 gatinhos**.

Praticando

1 Lucas tinha 7 figurinhas. Deu 3 delas a Iaci. Com quantas figurinhas ele ficou?

Lucas ficou com _____ figurinhas.

2 Mário e Isabela jogaram, cada um, um dado. Mário fez mais pontos que Isabela. Observe a imagem e descubra quantos pontos ele fez a mais que ela.

Mário fez _____ pontos a mais que Isabela.

3 Ana tem 9 fichas: 6 são verdes, e as outras, azuis. Quantas fichas são azuis?

Logo, _____ fichas são azuis.

4 Um gibi custa 4 reais, e um pacote de figurinhas custa 2 reais. Lucas deu ao vendedor uma cédula de 5 reais para comprar um gibi. Quanto Lucas recebeu de troco?

Lucas recebeu _____ de troco.

3 Adição e subtração: operações inversas

🎓 Aprendendo

🔷 Vamos analisar a situação a seguir, que envolve uma adição.

Uma caixa que comporta 6 garrafas de suco tem apenas 4 em seu interior. Mário completa essa caixa com mais 2 garrafas de suco.

ILUSTRAÇÕES: PAULO BORGES

Representamos essa situação pela seguinte adição: 4 + 2 = 6

Agora, a mesma caixa da situação anterior está com 6 garrafas de suco. Mário retira 2 delas. Veja.

Representamos essa situação pela seguinte subtração: 6 − 2 = 4

Observe que a subtração (6 − 2 = 4) desfaz a adição (4 + 2 = 6), ou seja, a **subtração** é a **operação inversa** da **adição**.

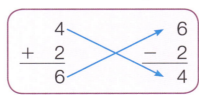

Podemos também verificar que a **adição** é a **operação inversa** da **subtração.**

$$\begin{array}{cc} 9 & 5 \\ -\ 4 & +\ 4 \\ \hline 5 & 9 \end{array}$$

Praticando

1 Desfaça as operações de adição a seguir, utilizando sua operação inversa, a subtração. Veja o exemplo.

Exemplo:

$$\begin{array}{cc} 5 & 7 \\ +\ 2 & -\ 2 \\ \hline 7 & 5 \end{array}$$

b)
$$\begin{array}{cc} 3 & \underline{\quad} \\ +\ 4 & - \\ \hline \underline{\quad} & \underline{\quad} \end{array}$$

d)
$$\begin{array}{cc} 3 & \underline{\quad} \\ +\ 6 & - \\ \hline \underline{\quad} & \underline{\quad} \end{array}$$

a)
$$\begin{array}{cc} 8 & \underline{\quad} \\ +\ 1 & - \\ \hline \underline{\quad} & \underline{\quad} \end{array}$$

c)
$$\begin{array}{cc} 5 & \underline{\quad} \\ +\ 3 & - \\ \hline \underline{\quad} & \underline{\quad} \end{array}$$

e)
$$\begin{array}{cc} 2 & \underline{\quad} \\ +\ 7 & - \\ \hline \underline{\quad} & \underline{\quad} \end{array}$$

2 Desfaça as operações de subtração a seguir, utilizando sua operação inversa, a adição. Veja o exemplo.

Exemplo:

$$\begin{array}{cc} 6 & 5 \\ -\ 1 & +\ 1 \\ \hline 5 & 6 \end{array}$$

b)
$$\begin{array}{cc} 7 & \underline{\quad} \\ -\ 4 & + \\ \hline \underline{\quad} & \underline{\quad} \end{array}$$

d)
$$\begin{array}{cc} 9 & \underline{\quad} \\ -\ 5 & + \\ \hline \underline{\quad} & \underline{\quad} \end{array}$$

a)
$$\begin{array}{cc} 8 & \underline{\quad} \\ -\ 6 & + \\ \hline \underline{\quad} & \underline{\quad} \end{array}$$

c)
$$\begin{array}{cc} 6 & \underline{\quad} \\ -\ 3 & + \\ \hline \underline{\quad} & \underline{\quad} \end{array}$$

e)
$$\begin{array}{cc} 9 & \underline{\quad} \\ -\ 2 & + \\ \hline \underline{\quad} & \underline{\quad} \end{array}$$

🎓 Aprendendo

Bruno desenhou alguns carrinhos e, depois, numerou-os formando uma sequência numérica crescente.

No primeiro carrinho, ele escreveu o número 4. Em seguida, adicionou 2 unidades a esse número e escreveu o resultado no segundo carrinho.

Depois, Bruno adicionou 2 unidades ao número que escreveu no segundo carrinho, anotou o resultado no carrinho seguinte e continuou fazendo o mesmo, até numerar todos os carrinhos.

Bruno criou uma sequência numérica.

✏️ Praticando

1 Observe as sequências abaixo e explique a regra de cada uma.

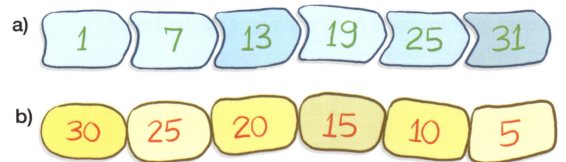

a) 1 7 13 19 25 31

b) 30 25 20 15 10 5

2 Em cada reta numérica, estão representados números de uma sequência. Descubra a regra e complete os quadrinhos.

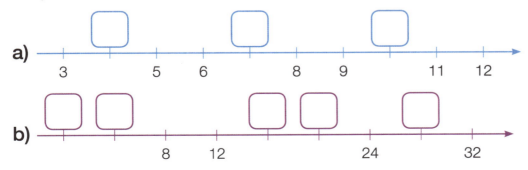

a) 3 ☐ 5 6 ☐ 8 9 ☐ 11 12

b) ☐ ☐ 8 12 ☐ ☐ 24 ☐ 32

ILUSTRAÇÕES: JOSÉ LUIS JUHAS

FERNANDO JOSÉ FERREIRA

🎓 Aprendendo

◻ Observe o funcionamento desta máquina de adicionar e de subtrair.

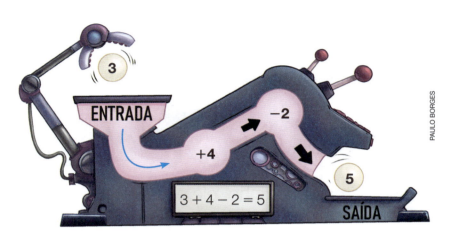

Quando o número da entrada for 2, o número da saída será 4. Veja por quê.

$$\underbrace{2 + 4}_{6} - 2$$
$$\underbrace{6 - 2}_{4}$$

→ $2 + 4 - 2 = 4$

✏️ Praticando

1 Determine com quantos reais ficou cada uma das crianças.

	Tinha	Ganhou	Gastou	Ficou com
Isabela	5 reais	4 reais	2 reais	
Bruno	6 reais	3 reais	4 reais	

2 Em um jogo de futebol, o time vermelho fez 6 gols e o time verde, 2 gols. Agora, responda às perguntas.

a) Qual foi o placar desse jogo? _____

b) Quantos gols foram marcados nesse jogo? _____

c) Quantos gols um time fez a mais que o outro?

_____

Reciclar é importante!

Você sabe o que é reciclar? Reciclar é reaproveitar coisas que jogaríamos fora, como garrafas de vidro ou de plástico, latas de refrigerante e papel.

A reciclagem é importante para preservar a natureza e garantir um futuro melhor ao nosso planeta e à humanidade.

Você também pode colaborar com a reciclagem fazendo a coleta seletiva, ou seja, separando o "lixo" de acordo com o tipo de material: vidro, papel, plástico e metal. Cada tipo de material deve ser separado em um reservatório com a cor que o representa: verde para vidros, azul para papéis, vermelho para plásticos e amarelo para metais.

MEIO AMBIENTE

📖 **Sugestão de leitura**

Reciclagem – A aventura de uma garrafa, de Mick Manning e Brita Granström.

Leia mais informações sobre esse livro na página 287.

FOTOS: FABIO COLOMBINI

🐦 **Agora, faça o que se pede.**

1. Sua família separa o lixo reciclável em casa?

2. Observe as cenas abaixo.

PAULO BORGES

a) Iaci está colocando as garrafas PET no recipiente correto? _____

b) Escreva uma subtração que represente a quantidade de garrafas que ficaram no chão após a coleta feita por Iaci.

_____ – _____ = _____

Ler, interpretar e comparar dados em um gráfico de barras verticais

Mário, Isabela e Ana participaram da Campanha do Agasalho da cidade em que moram. Observe, no gráfico de barras verticais a seguir, a quantidade de agasalhos que cada um doou.

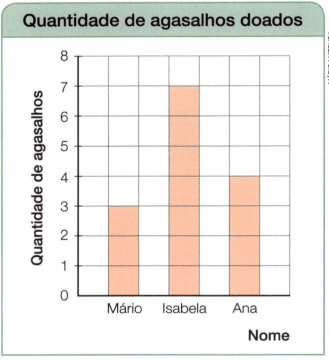

Dados obtidos por Mário, Isabela e Ana, no inverno de 2019.

a) Qual das crianças doou mais agasalhos?

_____

b) Qual das crianças doou menos agasalhos?

_____

c) Quantos agasalhos Ana doou?

_____

d) Quantos agasalhos Isabela doou a mais que Mário?

_____

e) Qual é a importância das campanhas de doação de agasalhos? Você já participou de alguma? Converse com os colegas sobre isso.

1 Em uma caixa, havia 6 garrafas. Três delas foram quebradas. Quantas garrafas ficaram inteiras?

Ficaram _____ garrafas inteiras.

2 Lucas foi ao jardim zoológico e viu 3 macacos, 2 cangurus e 2 girafas. Depois disso, choveu e Lucas foi para casa.

a) Quantos animais Lucas viu no zoológico? _____

b) Quantos macacos Lucas viu a mais que girafas? _____

3 O gráfico abaixo representa os pontos obtidos por dois pilotos de corrida em um campeonato.

Pontuação no campeonato de corrida

Dados obtidos pelos organizadores do campeonato, em junho de 2019.

a) Quantos pontos Felipe obteve? _____

b) Quantos pontos Marcos obteve? _____

c) Quantos pontos um piloto obteve a mais que o outro? _____

4 Quantas bolas precisamos tirar da embalagem de tampa azul para que ela fique com a mesma quantidade de bolas que a embalagem de tampa vermelha?

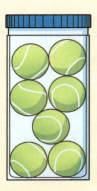 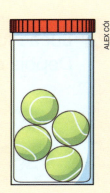

_____

5 Observe as cédulas que Ana tem e o trenzinho que ela quer comprar.

• Agora, complete:

Ana tem _____ reais e o trenzinho custa _____ reais.

Ela precisa de mais _____ reais para conseguir comprar o trenzinho.

6 Allan escreveu uma sequência em que a regra era subtrair 4 unidades. Ele começou com o número 15. Qual foi o último número que Allan conseguiu escrever nessa sequência? Explique.

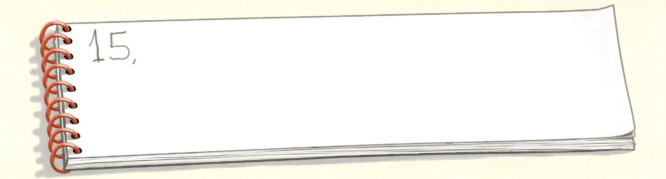

EDNEI MARX

 **Desafio**

Observe a cena abaixo.

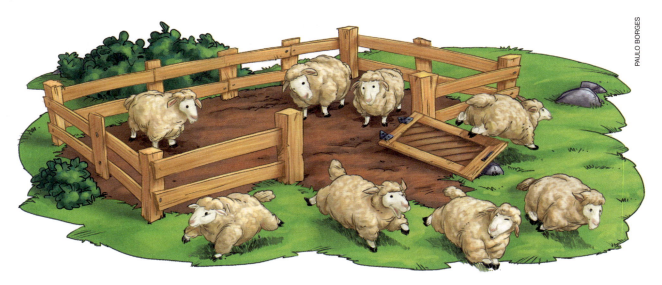

PAULO BORGES

- Agora, invente um problema de subtração relacionado à cena. Escreva o enunciado do problema nas linhas a seguir. Depois, resolva-o.

_____

_____

_____

EDNEI MARX

Trocando ideias

1. Os novelos de linha lembram que figura geométrica? E os carretéis?

2. Que objeto presente na cena lembra um cone?

🎓 Aprendendo

Paralelepípedo

 A peça de dominó abaixo lembra um **paralelepípedo**.

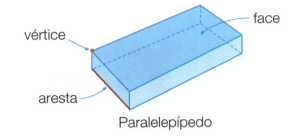

vértice

face

aresta

Paralelepípedo

⚙️ Agindo e construindo

Construindo um modelo de paralelepípedo

Material

✓ Molde do paralelepípedo da página **A4**

✓ Cola

Tarefa

1. Destaque o molde.

2. Dobre e cole o molde nos locais indicados. Você vai obter um modelo de paralelepípedo.

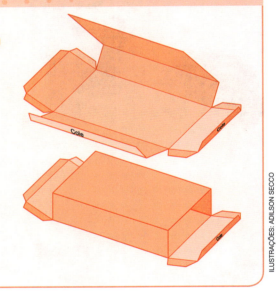

✏️ Praticando

Apoie sobre uma folha de papel o modelo de paralelepípedo que você montou e contorne a parte apoiada, como mostra a foto ao lado.

• Agora, pinte o interior da figura que desenhou e escreva o nome da figura geométrica obtida.

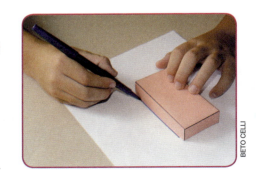

Aprendendo

Cubo

🔲 O brinquedo abaixo lembra um **cubo**.

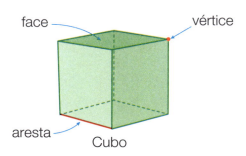

face — vértice

aresta —

Cubo

 Agindo e construindo

Construindo um modelo de cubo

Material

✔ Molde do cubo da página **A5**

✔ Cola

Tarefa

1. Destaque o molde.

2. Dobre e cole o molde nos locais indicados. Você vai obter um modelo de cubo.

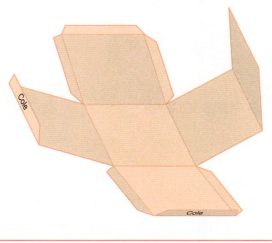

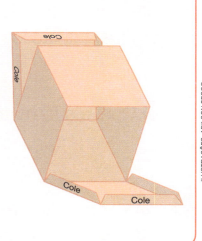

Praticando

 1 Observe o modelo de cubo e o de paralelepípedo que você montou. Registre as conclusões e depois converse com os colegas sobre as semelhanças e as diferenças entre eles.

2 Marque com um **X** os objetos abaixo que lembram um paralelepípedo.

   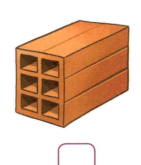

☐ ☐ ☐ ☐

3 Quantos vértices, arestas e faces tem um paralelepípedo?

_____

4 Observe o cubo ao lado.

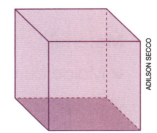

a) Quantas arestas e vértices há no cubo?

_____

b) Quantas faces há no cubo?

_____

c) Qual é a formato de suas faces?

_____

5 Ana apoiou sobre uma folha de papel uma embalagem que lembra um cubo e, com um lápis, contornou a parte apoiada.

a) Cerque com uma linha a figura que Ana obteve.

b) Se Ana contornar outra face dessa embalagem, encontrará uma figura diferente? Por quê?

2 ⁝ Pirâmide

🎓 Aprendendo

1 O quebra-cabeça abaixo lembra uma **pirâmide**.

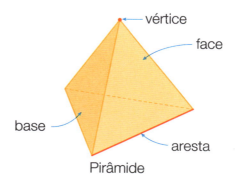

vértice

face

base

aresta

Pirâmide

⚙️ Agindo e construindo

Construindo um modelo de pirâmide

Material

✓ Molde da pirâmide da página **A6**

✓ Cola

Tarefa

1. Destaque o molde.

2. Dobre e cole o molde nos locais indicados. Você vai obter um modelo de pirâmide.

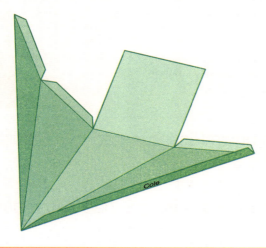

Cole

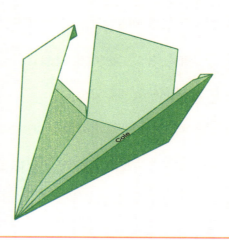

Cole

1 Marque com um **X** as figuras que representam uma pirâmide.

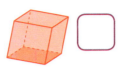   

   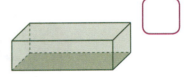

ILUSTRAÇÕES: ADILSON SECCO

2 Apoie sobre uma folha de papel o modelo de pirâmide que você montou e contorne a parte apoiada, como mostram as fotos abaixo. Depois, pinte o interior da figura que você desenhou.

 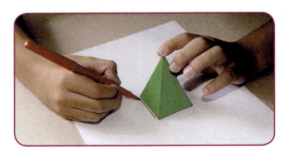

FOTOS: BETO CELLI

• Agora, faça o mesmo com todas as outras partes do modelo. Quantas e

quais figuras você desenhou? _____

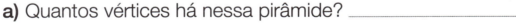

3 Observe a pirâmide ao lado e responda.

a) Quantos vértices há nessa pirâmide? _____

b) Quantas faces ela tem? _____

c) E quantas arestas? _____

d) Denomina-se **base** dessa pirâmide a única face que não é triangular.

Quantos lados tem essa base? _____

e) Qual figura geométrica lembra as **faces laterais** (que não são a base)

dessa pirâmide? _____

ADILSON SECCO

🎓 Aprendendo

🔴 O porta-lápis lembra um **cilindro**, o globo terrestre lembra uma **esfera** e a casquinha de sorvete lembra um **cone**.

Observe a representação de um cilindro, de uma esfera e de um cone.

Cilindro   Esfera   Cone

Agindo e construindo

Construindo um modelo de cilindro

Material

✔ Molde do cilindro da página **A7**

✔ Cola.

Tarefa

1. Destaque o molde.

2. Dobre e cole o molde nos locais indicados. Você vai obter um modelo de cilindro.

Agindo e construindo

Construindo um modelo de cone

Material

✔ Molde do cone da página **A8**

✔ Cola.

Tarefa

1. Destaque o molde.

2. Dobre e cole o molde nos locais indicados. Você vai obter um modelo de cone.

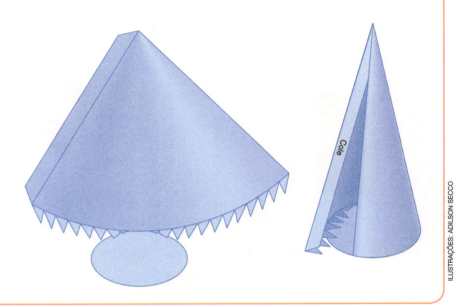

Cole

• Podemos afirmar que a bola sempre rola. E os objetos com forma de cilindro e de cone? Também rolam? Converse com um colega sobre isso.

Praticando

1 Apoie sobre uma folha de papel os modelos de cilindro e de cone que você montou e contorne as partes apoiadas, como mostram as fotos abaixo. Em seguida, pinte o interior de cada uma.

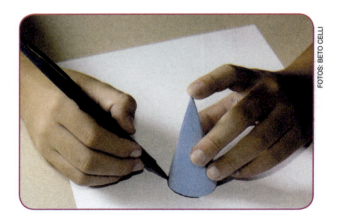

• Que figura geométrica você obteve em ambos os casos? _____

2 Responda às questões.

a) Uma bola tem o formato parecido com o de qual figura geométrica?

_____

DAKALOVA IULIIA/SHUTTERSTOCK

b) O copo lembra qual figura geométrica?

_____

ANILAKKUS/GETTY IMAGES

c) A peça do jogo de damas tem o formato parecido com o de qual figura geométrica?

_____

KZWW/SHUTTERSTOCK

d) O chapéu abaixo lembra qual figura geométrica?

_____

STACY BARNETT/SHUTTERSTOCK

3 Observe os objetos sobre a mesa e responda às questões.

EDNEI MARX

a) Quantos objetos lembram uma esfera? _____

b) Quantos objetos lembram um cone? _____

c) Quantos objetos lembram um cilindro? _____

4 A Lua é o satélite natural da Terra. Qual figura geométrica tem o formato parecido com o da Lua?

_____

_____

Lua vista do planeta Terra.

5 Compare as figuras do quadro A com as figuras do quadro B. Depois, desenhe no quadro B as figuras geométricas que faltam.

As figuras geométricas no dia a dia

Nesta atividade, você terá de identificar algumas figuras.

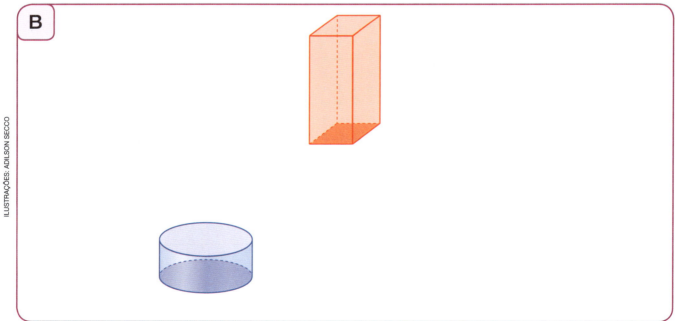

6 Responda.

a) Quais são os tipos de figura geométrica que não têm arestas?

_____

b) O que há em comum entre um cone e um cilindro?

_____

7 Pegue o modelo de cone que você construiu e observe-o de frente e de cima. Agora, desenhe sua vista frontal e superior.

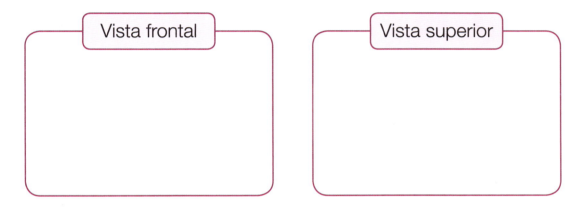

8 Imagine uma esfera, como esta abaixo, de frente, de cima e de lado. Desenhe suas vistas frontal, superior e lateral.

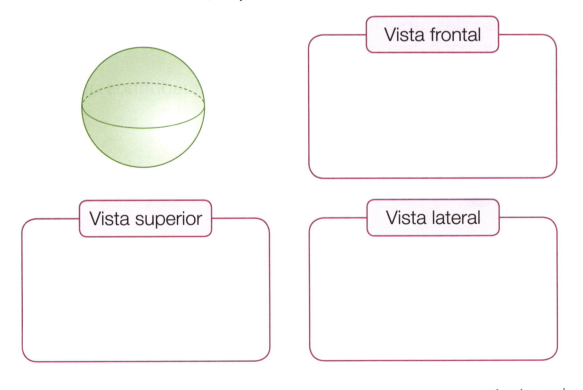

1 Pinte cada figura geométrica conforme a cor de seu molde.

ILUSTRAÇÕES: ADILSON SECCO

👆 **Figuras geométricas**
Nesta atividade, você terá de completar a palavra cruzada.

2 Reúna-se com um colega e manipulem os modelos de figuras geométricas não planas que vocês construíram. Depois, sem que seu colega veja, escolha um dos modelos e descreva suas características para que ele descubra qual é a figura geométrica que se parece com o modelo que você descreveu.

3 Observe as figuras a seguir e escreva nos quadrinhos quantos cubinhos formam cada uma delas.

ILUSTRAÇÕES: WAGNER WILLIAN

Reprodução proibida. Art.184 do Código Penal e Lei 9.610 de 19 de fevereiro de 1998.

4 Observe o castelo de areia que Bruno está construindo.

- As torres e os muros do castelo lembram quais figuras geométricas?

_____

_____

5 Cerque com uma linha o molde que, depois de montado, lembra uma pirâmide.

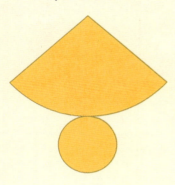

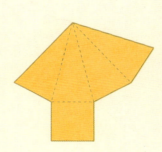

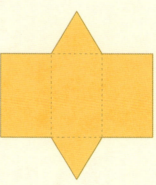

Desafio

As figuras abaixo representam partes de uma embalagem desmontada.

Se montarmos essa embalagem, qual figura geométrica não plana ela lembrará?

_____

PAULO BORGES

ILUSTRAÇÕES: ADILSON SECCO

Mais números

MARCOS MACHADO

1. Você já assistiu ou participou de algum desfile? Conte como foi.

2. Quantas crianças foram representadas neste desfile?

1 A dezena e o quadro de ordens

🎓 Aprendendo

Lucas tinha 9 relógios e ganhou mais 1 relógio. Observe.

9 unidades   +   1 unidade   =   10 unidades

Um grupo com **10 unidades** é chamado de **dezena.**

Observe o quadro de ordens abaixo.

dezenas	unidades
D	U

ordem das dezenas →   ← ordem das unidades

Veja como representamos 9 unidades no quadro de ordens ao lado.

dezenas	unidades
D	U
	IIIIIIIII

9

Se acrescentarmos mais 1 unidade às 9 que já temos, ficaremos com 10 unidades.

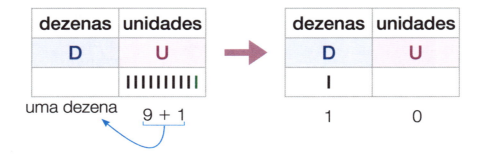

dezenas	unidades
D	U
	IIIIIIIIII

uma dezena   9 + 1

dezenas	unidades
D	U
I	

1   0

Praticando

1 Cerque com uma linha uma dezena de brinquedos.

CARRINHOS: ISTOCKPHOTO/GETTY IMAGES; BOLA DE TÊNIS: HOMESTUDIO/SHUTTERSTOCK; URSO: TZIDO SUN/SHUTTERSTOCK; PIÃO, PATO, CATA-VENTO: PHOTKA/SHUTTERSTOCK; GUITARRA, GUACHE, BALDE, CAMINHÃO, AQUARELA, CONTADOR: ELENA SCHWEITZER/SHUTTERSTOCK

2 Pinte uma dezena de laranjas.

3 Desenhe uma dezena de triângulos no espaço abaixo.

4 Em cada quadro, desenhe as fichas que faltam para completar uma dezena de fichas. Depois, complete as adições.

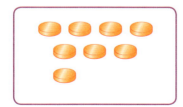

8 + _____ = 10

5 + _____ = 10

3 + _____ = 10

ILUSTRAÇÕES: ADILSON SECCO

5 Descubra o valor do ☐ nas adições a seguir.

a) $9 + ☐ = 10$

c) $☐ + 3 = 10$

e) $☐ + 5 = 10$

b) $6 + ☐ = 10$

d) $0 + ☐ = 10$

f) $8 + ☐ = 10$

6 Desenhe os quadradinhos que faltam para formar 1 dezena. Em seguida, complete as subtrações.

a)  $10 - \underline{} = 1$

b) $10 - \underline{} = 2$

c) $10 - 5 = \underline{}$

d) $10 - \underline{} = 8$

7 Pinte uma dezena dos quadrinhos abaixo.

• Quantos quadrinhos não foram pintados?

_____

8 Observe as figuras e efetue as subtrações.

a) $10 - 1 = \underline{}$

b) $10 - 3 = \underline{}$

c) $10 - 4 = \underline{}$

d) $10 - 7 = \underline{}$

• Quais das figuras acima você conhece?

9 Marque com um **X** os quadros que possuem 10 reais.

10 Descubra o valor do ⬜ em cada igualdade.

a) 1 + 9 = ⬜ + 2

c) ⬜ + 8 = 5 + 5

e) 3 + 7 = ⬜ + 6

b) 4 + ⬜ = 3 + 7

d) 7 + 3 = ⬜ + 1

f) 10 + ⬜ = 0 + 10

11 Quantas frutas há em cada quadro?

a)

9 + 1 = _____

c)

_____ + _____ = _____

e)

_____ + _____ = _____

b)

_____ + _____ = _____

d)

_____ + _____ = _____

f)

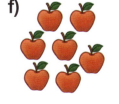

_____ + _____ = _____

BANCO CENTRAL DO BRASIL

ILUSTRAÇÕES: ADILSON SECCO

🎓 Aprendendo

🔲 Veja a coleção de copos coloridos de Iaci.

Veja como Lucas e Ana representaram a quantidade total de copos da coleção de Iaci.

Eu usei o material dourado. Nele, cada cubinho representa 1 unidade, e cada barrinha, 1 dezena.

1 unidade   1 dezena

Dica

- Utilize o material dourado da página **A9** para representar os números.

1 dezena   +   2 unidades = 10 + 2 = 12

Eu usei o ábaco. Cada argola na casa das unidades representa 1 unidade, e cada argola na casa das dezenas representa 1 dezena.

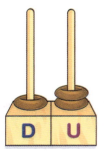

1 dezena + 2 unidades = 10 + 2 = 12

dezenas	unidades
D	U
I	II
1	2

Veja mais algumas representações com o material dourado e com o ábaco.

	Material dourado	Ábaco
11 Onze		
13 Treze		
16 Dezesseis		
18 Dezoito		
19 Dezenove		

• Agora, descubra os números representados e escreva-os.

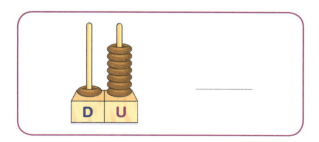

ABACO: JOSÉ LUIS JUHAS;
ILUSTRAÇÕES: ADILSON SECCO

Praticando

1 Pinte uma dezena de fichas de  e o restante de . Depois, complete o quadro de ordens e a frase.

a) ◯◯◯◯◯◯◯◯◯◯◯

D	U
I	I
1	

Temos _____ dezena e _____ unidade de fichas ou onze fichas.

b) ◯◯◯◯◯◯◯◯◯◯◯◯◯

D	U

Temos _____ dezena e _____ unidades de fichas ou treze fichas.

2 Observe a imagem e complete.

Na imagem, há catorze automóveis, ou seja, _____ automóveis.

catorze unidades = _____ dezena e _____ unidades

3 Cerque com uma linha uma dezena de quadrinhos e pinte o restante de 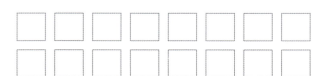.

A seguir, complete o quadro de ordens.

D	U

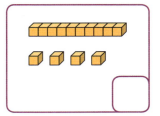

São dezesseis quadrinhos, ou seja, _____ quadrinhos.

dezesseis unidades = _____ dezena e _____ unidades

4 Marque com um **X** o quadro em que está representado o número 15.

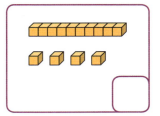 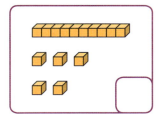 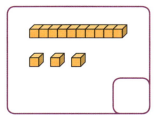

5 Em cada caso, escreva no quadrinho a quantidade total de lápis.

6 Em cada caso, desenhe argolas nos ábacos para representar o número indicado.

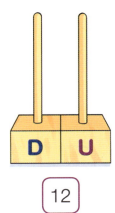  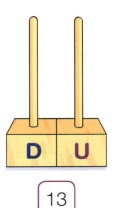

12

18

13

7 Complete corretamente os espaços, escrevendo os números por extenso.

a) 12 unidades = _____ dezena e _____ unidades

b) 15 unidades = _____ dezena e _____ unidades

c) 17 unidades = _____ dezena e _____ unidades

d) 19 unidades = _____ dezena e _____ unidades

8 Escreva os números nos espaços a seguir.

a) Dezessete ▶ _____   **d)** Doze ▶ _____   **g)** Dezesseis ▶ _____

b) Treze ▶ _____   **e)** Quinze ▶ _____   **h)** Catorze ▶ _____

c) Onze ▶ _____   **f)** Dezoito ▶ _____   **i)** Dezenove ▶ _____

9 Em cada caso, quais são os números correspondentes às dezenas e unidades indicadas?

a) 1 dezena e 8 unidades ▶ _____   **c)** 1 dezena e 6 unidades ▶ _____

b) 1 dezena ▶ _____   **d)** 1 dezena e 3 unidades ▶ _____

10 Escreva por extenso os números a seguir.

a) 12 ▶ _____   **d)** 13 ▶ _____

b) 14 ▶ _____   **e)** 16 ▶ _____

c) 17 ▶ _____   **f)** 19 ▶ _____

11 Escreva os números de 10 a 19 em ordem crescente.

12 Em cada caso, registre os números representados com as peças do material dourado.

ADILSON SECCO

a) 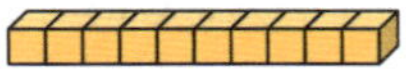 ☐

b) 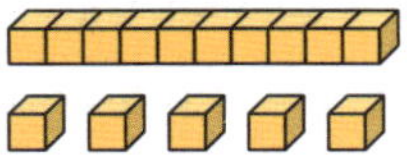 ☐

c) 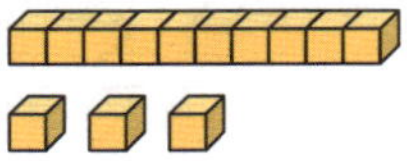 ☐

d) 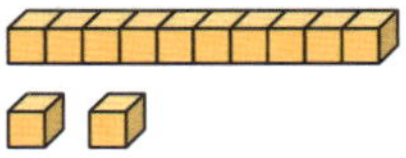 ☐

e) 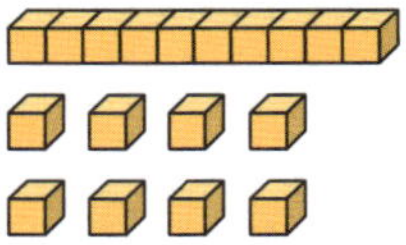 ☐

f) 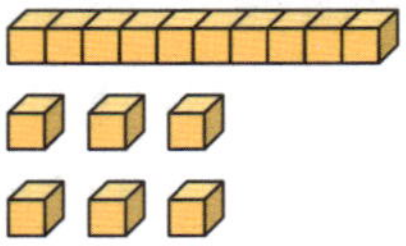 ☐

- Agora, escreva esses números em ordem crescente.

____

13 Escreva em ordem decrescente os números abaixo.

17 14 19 13 16

____

14 Os números de 10 a 19 são formados por dois algarismos. Escreva os números de dois algarismos menores que 17.

____

15 Lucas tem uma dezena de carrinhos e 6 trenzinhos. Quantos brinquedos Lucas tem ao todo?

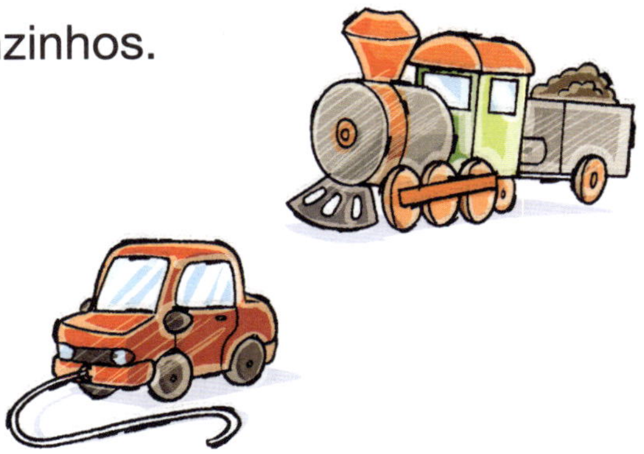

JOSÉ LUÍS JUHAS

Lucas tem ao todo ______ brinquedos.

3 Números que indicam ordem

Aprendendo

1 Observe os instantes finais de uma corrida. Repare que os números indicam as ordens dos carros.

Nesse momento da corrida, o carro verde está na 2ª posição.

> 1º, 2º, 3º, 4º, 5º, 6º, 7º, 8º e 9º são números que indicam **ordem**, **posição** ou **classificação**.

O quadro a seguir mostra os números que indicam ordem até o 19º.

1º – primeiro	11º – décimo primeiro
2º – segundo	12º – décimo segundo
3º – terceiro	13º – décimo terceiro
4º – quarto	14º – décimo quarto
5º – quinto	15º – décimo quinto
6º – sexto	16º – décimo sexto
7º – sétimo	17º – décimo sétimo
8º – oitavo	18º – décimo oitavo
9º – nono	19º – décimo nono
10º – décimo	

1 Observe novamente a ilustração da corrida de carros e responda.

a) Qual é a cor do carro que está em primeiro lugar? _____

b) Escreva por extenso a posição do carro de cor amarela? _____

2 Observe a ilustração e pinte a roupa e o capacete dos ciclistas de acordo com a legenda.

Legenda	
🔵	o que está em 1º
🟢	o que está em 3º
🟣	o que está em 4º
🟡	o que está em 6º

JOSÉ LUÍS JUHAS

3 Nas competições olímpicas, as medalhas de bronze, de prata e de ouro são entregues, respectivamente, para quais colocações?

FABIO EIJI SIRASUMA

_____

4 Observe a cena.

a) Em que posição Ana terminou a gincana? E Iaci?

b) Quantas gincanas, antes dessa, ocorreram na escola?

5 Observe a fila de passageiros para entrar no ônibus.

a) Se entrarem mais 7 passageiros nessa fila, que lugar cada um vai ocupar?

_____

_____

b) Por que é importante que pessoas com deficiência, pessoas com criança de colo, grávidas e idosos ocupem os primeiros lugares nas filas? Converse com os colegas sobre isso.

6 Que número na forma ordinal vem imediatamente antes dos números com fundo colorido? E imediatamente depois?

a) [ ] 8º [ ] d) [ ] 12º [ ] g) [ ] 3º [ ]

b) [ ] 14º [ ] e) [ ] 13º [ ] h) [ ] 7º [ ]

c) [ ] 5º [ ] f) [ ] 17º [ ] i) [ ] 15º [ ]

7 Escreva nos quadrinhos abaixo os números na forma ordinal do 11º ao 18º.

[ ] [ ] [ ] [ ] [ ] [ ] [ ] [ ]

8 Começando pela largada, pinte as bandeirinhas de cada posição usando a cor definida no quadro.

Vermelha	Verde	Azul	Amarela	Laranja
1ª	4ª	3ª	2ª	5ª
6ª	9ª	7ª	10ª	12ª
14ª	11ª	18ª	16ª	15ª

BRUNO DE SANTANA DIAS

• Quais são os números que indicam a posição de cada bandeirinha que não foi pintada? _____

🎓 Aprendendo

1 Observe os **pares** de objetos representados a seguir.

um par de meias   um par de sapatos   um par de luvas

> Um **par** corresponde a **dois** elementos.

2 Podemos **agrupar** uma quantidade de **duas** em **duas** unidades, formando **pares**. Veja.

  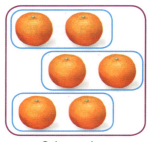 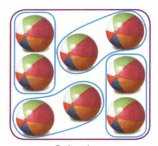

2 sorvetes   **4** petecas   **6** laranjas   **8** bolas

Em cada agrupamento não sobrou nenhuma unidade.

> Os números terminados em **0**, **2**, **4**, **6** e **8** são **pares**.

3 Observe agora outras situações.

 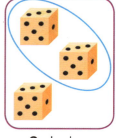 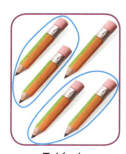 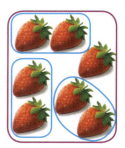 

1 banana   **3** dados   **5** lápis   **7** morangos   **9** balas

Em cada agrupamento sobrou uma unidade.

> Os números terminados em **1**, **3**, **5**, **7** e **9** são **ímpares**.

1 Com uma linha, cerque de 2 em 2 os elementos de cada grupo.
Em seguida, classifique os números em par ou ímpar.

Exemplo:

O número 8 é par.

a)

O número _____ é _____.

b)

O número _____ é _____.

c)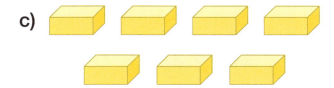

O número _____ é _____.

2 Cerque com uma linha as meias em pares e responda às questões.

a) Quantas são as meias? _____

b) Quantos são os pares de meias? _____

c) Quantas meias sobraram? _____

d) O número 9 é par ou ímpar? _____

ILUSTRAÇÕES: BRUNO DE SANTANA DIAS

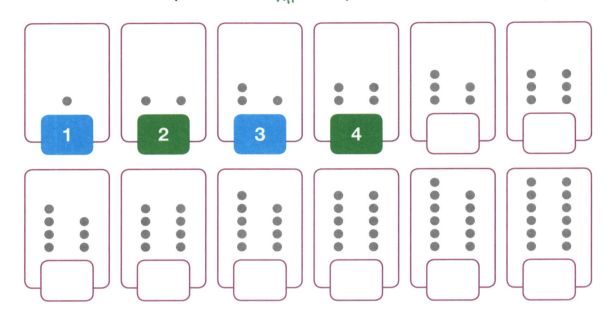

3 Observe os exemplos dos números 1 a 4 e indique a quantidade de fichas em cada quadro. Depois, pinte de 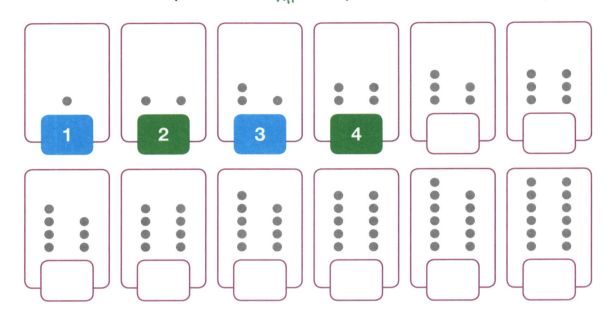 os quadros com números ímpares e de 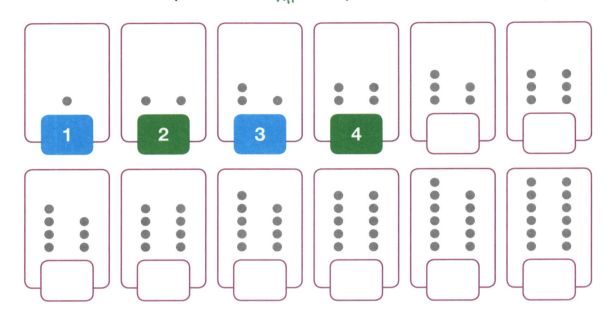 os quadros com números pares.

4 Pinte de 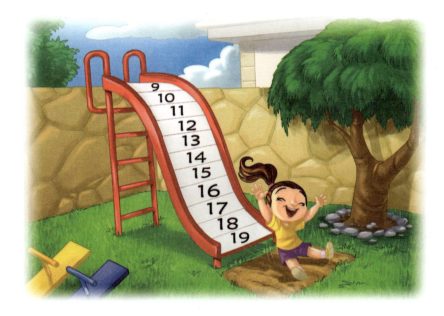 onde aparecem números ímpares no escorregador.

PAULO BORGES

5 Complete as sequências utilizando números:

a) pares ▶ 6, _____, _____, _____, _____, 16

b) ímpares ▶ 7, _____, _____, _____, _____, 17

Aprendendo

■ Observe as **dezenas exatas** a seguir.

	1 dezena ou **10** unidades ↓ **DEZ**
	2 dezenas ou **20** unidades ↓ **VINTE**
	3 dezenas ou **30** unidades ↓ **TRINTA**
	4 dezenas ou **40** unidades ↓ **QUARENTA**
	5 dezenas ou **50** unidades ↓ **CINQUENTA**
	6 dezenas ou **60** unidades ↓ **SESSENTA**

ILUSTRAÇÕES: ADILSON SECCO

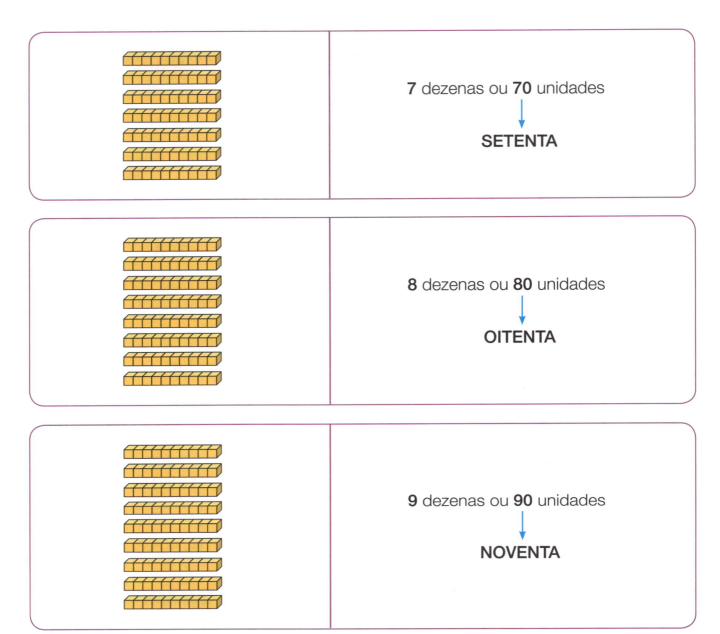

7 dezenas ou **70** unidades

SETENTA

8 dezenas ou **80** unidades

OITENTA

9 dezenas ou **90** unidades

NOVENTA

 **Praticando**

1 Complete com as dezenas exatas em ordem crescente.

| 10 | | 30 | | | 60 | | 80 | |

2 Insira o número nas camisetas de basquete, sabendo que elas foram colocadas no varal formando uma sequência de dezenas exatas.

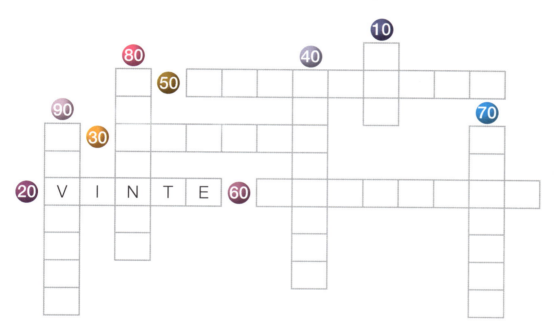

ILUSTRAÇÕES: WILSON

3 Observe a dezena exata indicada e complete a cruzadinha.

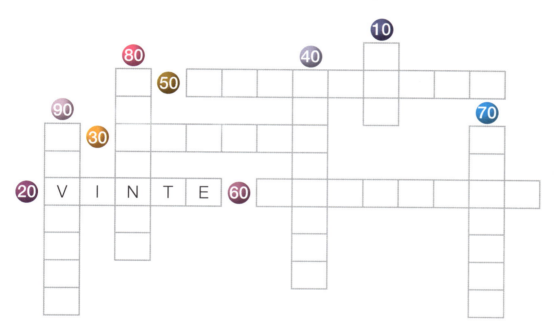

4 Marque com um **X** o valor da soma correspondente a cada adição.

	20	30	40	50	60	70	80	90
10 + 20								
30 + 10								
40 + 30								
20 + 10 + 30								
30 + 30 + 20								

5 Lucas deseja registrar o número de participantes em uma gincana. São duas equipes de 10 alunos. Observe.

Lucas verificou que duas equipes de 10 alunos correspondem a 2 dezenas de alunos. Veja como ele registrou os integrantes das duas equipes.

2 dezenas	D	U	
	II		vinte unidades
	2	0	

• Continue completando as dezenas a seguir.

a) 3 dezenas

D	U

_____

b) 4 dezenas

D	U

_____

c) 5 dezenas

D	U

_____

6 Observe as barras do material dourado, o quadro de ordens preenchido e a quantidade registrada.

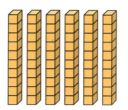

D	U
‖‖‖‖	
6	0

6 dezenas ou
60 unidades

- Agora, preencha os quadros de ordens e registre as quantidades.

a)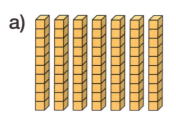

D	U

_____ ou

_____

b)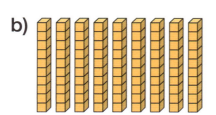

D	U

_____ ou

_____

7 Cada  representa uma dezena de carrinhos vendidos em uma loja de brinquedos. Observe na representação a seguir as vendas desses carrinhos nos três últimos meses do ano nessa loja.

a) Quantas dezenas de carrinhos foram vendidas em novembro?

_____

b) Quantas unidades de carrinhos foram vendidas a mais em outubro em

relação ao mês de novembro? _____

Aprendendo

Observe as representações feitas por Lucas, Bruno, Iaci e Ana.

São 2 dezenas e 2 unidades.

Lucas

22

Este número tem 7 dezenas e 2 unidades.

Iaci

D U

72

Aqui temos 5 dezenas e 7 unidades.

Bruno 57

Representei este número com 9 dezenas e 4 unidades.

Ana

D U

94

Praticando

1 Isabela organizou suas fichas coloridas.

a) Quantas fichas Isabela tem de cada cor?

_____

b) São _____ grupos de 10 fichas mais _____ fichas. Ao todo, são _____ fichas coloridas.

2 Complete com  até formar 3 dezenas.

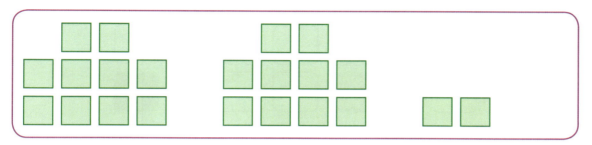

3 Bruno construiu um gráfico para registrar a quantidade de alunos que há em cada turma do 2º ano da escola. Veja.

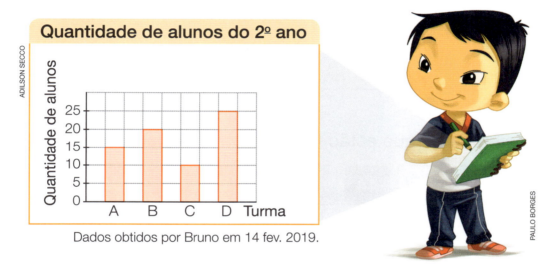

Quantidade de alunos do 2º ano

Dados obtidos por Bruno em 14 fev. 2019.

a) Qual das turmas tem vinte e cinco alunos? _____

b) Quantos alunos tem a turma B? _____

c) Qual turma tem 1 dezena exata de alunos? _____

4 Observe o exemplo e, depois, complete.

Exemplo:
31 ▶ trinta e um ➡ 3 dezenas e 1 unidade

a) 53 ▶ _____ ➡ _____ dezenas e _____ unidades

b) 64 ▶ _____ ➡ _____ dezenas e _____ unidades

c) 89 ▶ _____ ➡ _____ dezenas e _____ unidades

5 Observe a sequência abaixo e escreva os números que estão faltando para formar a sequência sugerida.

| 20 | | | | 24 | | | | 28 | |

| 30 | | | | | 35 | | | | 39 |

6 Complete a figura de modo que sejam formadas 4 dezenas exatas de fichas.

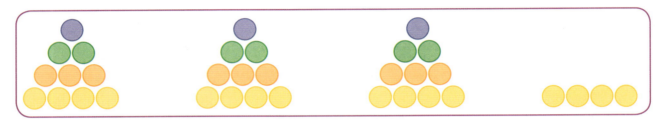

7 Escreva os números que estão faltando para formar a sequência abaixo.

| 40 | | | | 44 | | | | |

8 Ligue cada quadro ao número que representa a quantidade de lápis de cor que há nele.

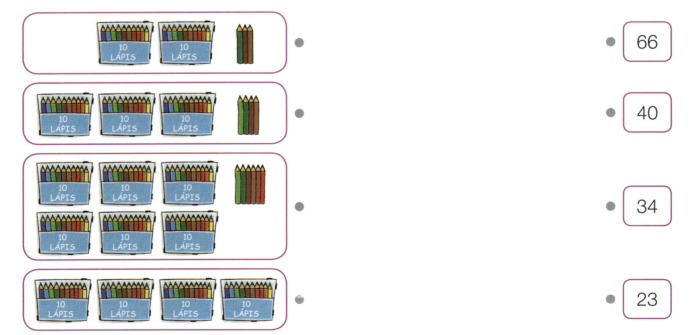

66

40

34

23

9 Quais são os vizinhos dos números destacados a seguir?

a) ☐ 62 ☐   d) ☐ 68 ☐   g) ☐ 74 ☐

b) ☐ 30 ☐   e) ☐ 59 ☐   h) ☐ 71 ☐

c) ☐ 77 ☐   f) ☐ 81 ☐   i) ☐ 87 ☐

10 No nosso sistema de numeração, utilizamos apenas dez algarismos para escrever qualquer número.

0   1   2   3   4   5   6   7   8   9

- Escreva:

   a) um número formado por dois algarismos iguais. ▶ _____

   b) um número maior que 10 em que apareça o algarismo zero e outro

   algarismo qualquer. ▶ _____

11 Complete com os números que faltam nas sequências.

| 70 | ☐ | ☐ | ☐ | 74 | ☐ | ☐ | ☐ | 79 |

| 80 | ☐ | ☐ | 83 | ☐ | ☐ | ☐ | ☐ | 89 |

| 90 | ☐ | 92 | ☐ | ☐ | ☐ | 97 | ☐ | ☐ |

12 Responda.

a) Qual é o número imediatamente anterior a 65? _____

b) Qual é o número imediatamente posterior a 72? _____

c) Quais são os números situados entre 76 e 80? _____

d) Quais são os números pares situados entre 15 e 21? _____

13 Escreva o número representado em cada ábaco.

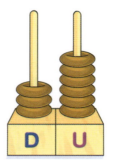 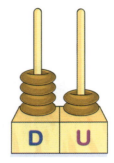

_____   _____   _____

 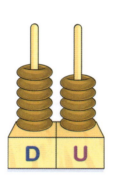 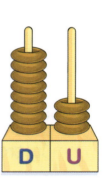

_____   _____   _____

14 Qual é o número de maior valor em cada um dos itens a seguir?

a) 13 ou 31 ▶ _____   **c)** 84 ou 48 ▶ _____   **e)** 97 ou 79 ▶ _____

b) 24 ou 42 ▶ _____   **d)** 57 ou 75 ▶ _____   **f)** 98 ou 89 ▶ _____

15 Escreva por extenso os números abaixo.

a) 46 ▶ _____   **c)** 91 ▶ _____

b) 39 ▶ _____   **d)** 78 ▶ _____

16 A seguir, escreva os números correspondentes às quantidades.

a) Sete dezenas e seis unidades ▶ _____

b) Nove dezenas ▶ _____

c) Quatro dezenas e nove unidades ▶ _____

17 Observe ao lado os alunos da escola de Ana durante uma apresentação de coral.

a) Faça uma estimativa de quantos alunos participaram desse coral: mais ou menos de 3 dezenas de alunos?

_____

b) Conte quantos alunos, ao todo, participaram do coral e, depois, verifique se você acertou a estimativa.

_____

18 Miguel e Luzia estão organizando suas barracas na feira. Observe que algumas frutas estão encaixotadas e outras, soltas.

- Considere a quantidade de frutas que há em cada barraca e responda às questões.

a) Quantos abacates Miguel trouxe para vender?

_____

b) Quantas maçãs Luzia trouxe para vender?

_____

EDNEI MARX

ILUSTRAÇÕES: WILSON

7 Comparar quantidades

🎓 Aprendendo

🔟 A professora distribuiu para Ana e Mário alguns clipes. Veja como eles fizeram para descobrir qual deles recebeu mais clipes.

> Vamos descobrir quem de nós recebeu mais clipes? Não vale contar.

> Sim! Vamos começar formando fileiras com 5 clipes cada uma. Depois vamos colocar uma ao lado da outra.

> Formamos a mesma quantidade de fileiras, mas uma das minhas fileiras tem mais clipes que a sua.

> Verdade, Ana! Então você recebeu mais clipes do que eu.

✏️ Praticando

1 Observe novamente a ilustração da arrumação dos clipes e responda:

Quantos clipes Mário tem a menos que Ana? _____

2 Reúna-se com um colega. Seu professor vai distribuir para cada um de vocês algumas tampinhas ou qualquer outro material. Depois, descubram, sem contar, quem de vocês recebeu mais tampinhas.

3 Observe os montes de tampinhas de garrafas PET abaixo.

  • Em qual monte há mais tampinhas: o da sua esquerda ou o da sua direita? Explique a um colega como você fez para descobrir.

4 Observe as crianças em um circo assistindo a um espetáculo.

a) Há mais cadeiras ou crianças no circo? Por quê?

b) Se chegarem mais cinco crianças para assistir ao espetáculo, alguma delas vai ficar em pé? Por quê? Converse com os colegas.

🎓 Aprendendo

1 Jairo fez bombons para vender e organizou-os em 10 caixas, cada uma com 10 bombons.

• Agora, complete as frases.

Jairo fez _____ dezenas de bombons.

Ele fez 100 (cem) bombons, ou seja, 1 **centena** de bombons.

10 dezenas = _____ unidades = _____ centena

> Um grupo com **100 unidades** é chamado de **centena**.

Veja como podemos representar a centena com o material dourado.

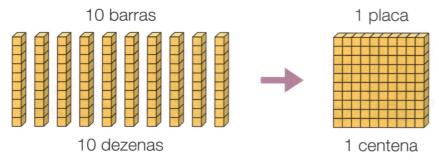

10 barras

10 dezenas

1 placa

1 centena

Veja outros modos de representar a centena.

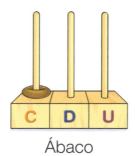

Ábaco

Centenas	Dezenas	Unidades
1	0	0

Quadro de ordens

1 Responda às perguntas a seguir.

a) Quantas unidades há em 1 dezena? _____

b) Quantas unidades há em 1 centena? _____

c) Quantas dezenas há em 1 centena? _____

2 Observe e complete a sequência.

 94   96   98   100

3 No dia de seu aniversário, Ângela ganhou uma cédula de 100 reais.

Então, trocou essa cédula por cédulas de 10 reais. Veja.

BANCO CENTRAL DO BRASIL

- Uma cédula de 100 reais equivale a _____ cédulas de 10 reais.

4 Marque com um **X** as cédulas que, adicionados seus valores, totalizam 100 reais.

9 Centenas exatas

Aprendendo

Daniel possui uma coleção com 200 carrinhos.

Ele tem 2 centenas de carrinhos, ou seja: 100 + 100 = 200

O número **200** corresponde a 2 centenas (lemos: duzentos).

As demais centenas exatas recebem os seguintes nomes:

- 3 centenas = **300** (lemos: trezentos)
- 4 centenas = **400** (lemos: quatrocentos)
- 5 centenas = **500** (lemos: quinhentos)
- 6 centenas = **600** (lemos: seiscentos)
- 7 centenas = **700** (lemos: setecentos)
- 8 centenas = **800** (lemos: oitocentos)
- 9 centenas = **900** (lemos: novecentos)

Praticando

1 Vimos que 1 centena é o mesmo que 10 dezenas ou 100 unidades.

- Observe as representações das centenas exatas abaixo e, depois, complete os espaços.

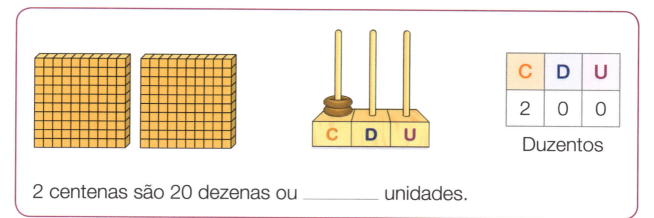

2 centenas são 20 dezenas ou _____ unidades.

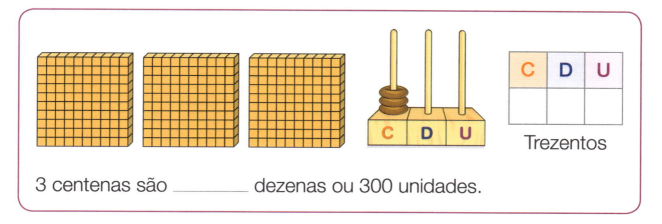

3 centenas são _____ dezenas ou 300 unidades.

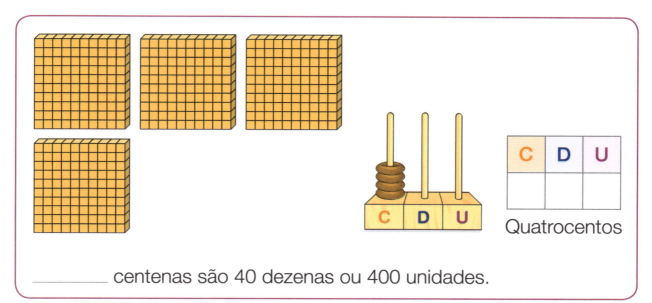

_____ centenas são 40 dezenas ou 400 unidades.

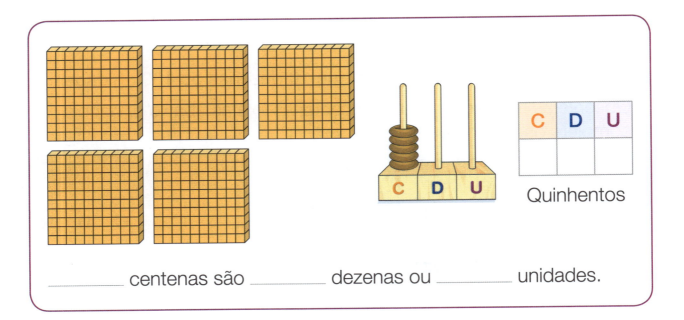

_____ centenas são _____ dezenas ou _____ unidades.

Quinhentos

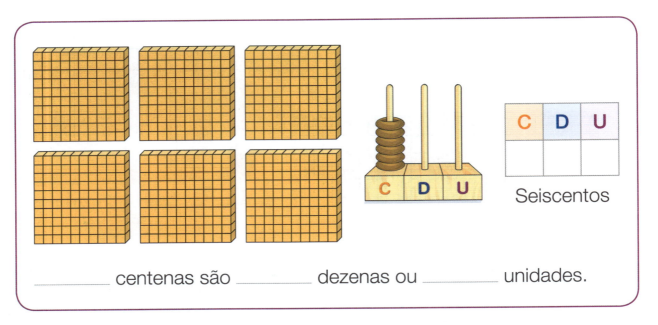

_____ centenas são _____ dezenas ou _____ unidades.

Seiscentos

7 centenas são

_____ unidades.

Setecentos

8 centenas são

_____ unidades.

Oitocentos

9 centenas são

_____ unidades.

Novecentos

2 Complete a sequência de centenas exatas.

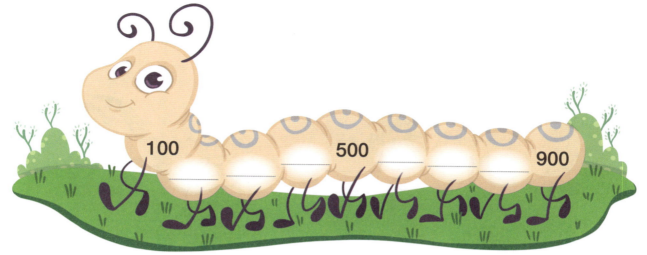

3 Complete as duas sequências abaixo.

a) 100, 200, 300, _____, _____, 600, _____, _____, 900

b) 900, 800, _____, _____, _____, 400, _____, _____, 100

4 Complete as frases.

a) O número _____ é o 6º número da sequência 200, 300, 400, ...

b) O número _____ é o 8º número da sequência 800, 700, 600, ...

10 Centenas, dezenas e unidades

🎓 Aprendendo

▪ Após o número 100, temos os seguintes números:

- 100 + 1 = **101** (lemos: cento e um)
- 100 + 2 = **102** (lemos: cento e dois)
- 100 + 3 = **103** (lemos: cento e três)
- 100 + 4 = **104** (lemos: cento e quatro)
- 100 + 5 = **105** (lemos: cento e cinco)

E assim sucessivamente.

1 Na escola de Isabela foi realizada uma festa junina e 136 (cento e trinta e seis) alunos compareceram.

EDNEI MARX

Observe como podemos representar e decompor o número 136.

MATERIAL DOURADO: ADILSON SECCO;
ÁBACO: JOSÉ LUÍS JUHAS

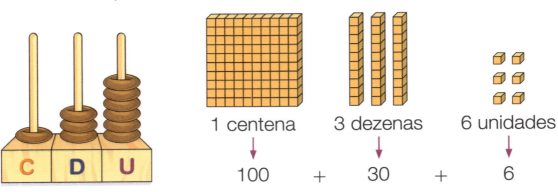

1 centena   3 dezenas   6 unidades

100   +   30   +   6

PLURALIDADE CULTURAL

- Veja como podemos representar o número 136 em um quadro de ordens e complete os espaços a seguir.

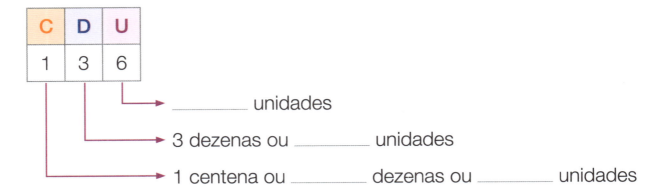

C	D	U
1	3	6

_____ unidades

3 dezenas ou _____ unidades

1 centena ou _____ dezenas ou _____ unidades

2 Identifique os números representados em cada ábaco.

a)
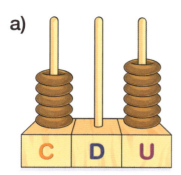

_____

b)
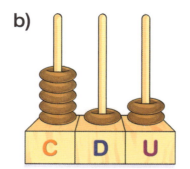

_____

c)
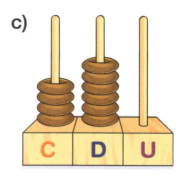

_____

3 Em cada caso, desenhe argolas nos ábacos para representar o número indicado.

a)
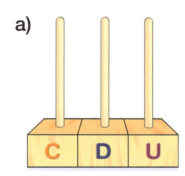

182

b)
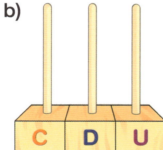

558

c)
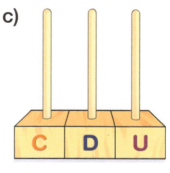

831

4 Escreva o número correspondente à quantidade representada com o material dourado.

a)
 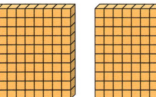 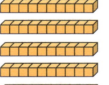  ▶ _____

b)
 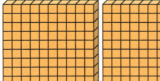 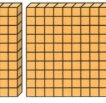 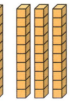 ▶ _____

MATERIAL DOURADO: ADILSON SECCO; ÁBACO: JOSÉ LUÍS JUHAS

5 Complete o quadro de ordens e escreva como se lê o número formado.

Exemplo:

1 centena, 4 dezenas e 2 unidades

C	D	U
I	IIII	II
1	4	2

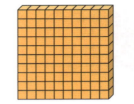 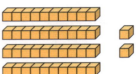

cento e quarenta e dois

a) 1 centena, 6 dezenas e 5 unidades

C	D	U

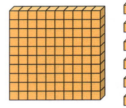 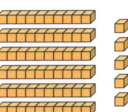

_____

b) 1 centena, 3 dezenas e 6 unidades

C	D	U

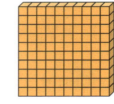 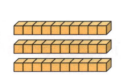

_____

c) 1 centena, 5 dezenas e 4 unidades

C	D	U

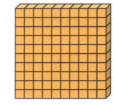 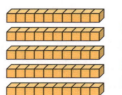

_____

6 Observe os números nos quadros de ordens a seguir e decomponha-os, considerando o maior número de centenas exatas, o maior número de dezenas exatas e as unidades como no exemplo.

Exemplo:

C	D	U
5	2	8

▶ 500 + 20 + 8 _____

a)

C	D	U
4	7	6

▶ _____

b)

C	D	U
1	9	3

▶ _____

7 Reúna-se com 3 colegas e respondam às questões abaixo. Seu professor vai distribuir um pote com alguns grãos de feijão para vocês.

a) Quantos grãos vocês acham que há no pote?

b) Retirem 100 grãos de feijão do pote e formem um monte com eles. Comparem esse monte com o total de feijões e respondam: Quantos montes como esse vocês acham que havia no pote inicialmente?

c) Agora, contem o total de feijões e verifiquem se as estimativas feitas nos itens a e b ficaram próximas da quantidade real. Qual delas ficou mais próxima?

8 Esta bicicleta custa 327 reais. Se você fosse comprá-la, seriam necessárias quantas cédulas de 100 reais e 10 reais e quantas moedas de 1 real?

_____

_____

_____

FABIO EIJI SIRASUMA

9 Complete as sequências.

a) _____, _____, _____, _____, 132, 133, _____, _____

b) _____, _____, _____, _____, 187, 188, _____, _____

c) _____, 303, 305, _____, _____, _____, _____, _____

d) _____, _____, _____, _____, _____, 204, 206

10 Descubra o segredo da sequência abaixo e conte-o para a classe.

680	670	660	650	640	630	620	610	600

11 Ligue cada número do lado esquerdo com o modo como se lê, do lado direito.

400 + 40 + 4	•	•	Cento e cinco
10 dezenas e 5 unidades	•	•	Trezentos e vinte e dois
300 + 20 + 2	•	•	Quinhentos e noventa
5 centenas e 9 dezenas	•	•	Quatrocentos e quarenta e quatro

Resolvendo problemas

Lucas tem mais de 186 figurinhas e menos de 190.

Quantas figurinhas ele tem?

_____

_____

🔖 Material

- ✔ Um dado
- ✔ 50 fichas laranja da página **A10**
- ✔ 50 fichas azuis da página **A10**
- ✔ Uma ficha rosa da página **A10**
- ✔ O envelope para guardar as fichas da página **A11**

🔖 Maneira de brincar

1. Reúna-se com mais quatro colegas e destaquem as fichas no final do livro.

2. Decidam quem começará o jogo e a ordem dos demais jogadores.

3. Em cada jogada, um jogador lança o dado. A pontuação obtida no dado indica a quantidade de fichas laranja que o jogador deverá pegar.

4. Cada vez que um jogador juntar 10 fichas laranja, ele deverá trocá-las por uma ficha azul.

5. O jogador que obtiver primeiro 10 fichas azuis poderá trocá-las por uma ficha rosa e será o vencedor.

FABIO EIJI SIRASUMA

🔖 Agora, faça o que se pede.

- Considerando as regras do jogo, complete com as palavras unidade, dezena ou centena.

  a) Cada ficha laranja corresponde a uma _____.

  b) Cada ficha azul corresponde a uma _____.

  c) A ficha rosa vale uma _____.

🎓 Aprendendo

1 Augusto comprou dez pacotes de sementes para plantar em sua horta.

Augusto comprou 10 pacotes com 100 sementes em cada um deles.

Ele comprou **1000 (mil)** sementes.

✏️ Praticando

Na bilheteria de uma estação de metrô, um funcionário trocou todas as moedas que havia pelas seguintes cédulas de real.

a) No total, quantos reais ele trocou? _____

b) Se houvesse mais 1 real, quantos reais ele teria trocado? Complete os espaços abaixo.

_____ reais mais _____ real são 1000 reais.

_____ + _____ = 1000

c) Quantas cédulas de 100 reais são necessárias para formar 1000 reais?

_____

Idosos

Conforme consta na Constituição Brasileira, é obrigação da família, da comunidade, da sociedade e do Poder Público assegurar aos idosos, pessoas com idade igual ou superior a 60 anos, o direito à vida, à saúde, à alimentação, à educação, à cultura, ao esporte, ao lazer, ao trabalho, à cidadania, à liberdade, à dignidade, ao respeito e à convivência familiar e comunitária.

FABIO EIJI SIRASUMA

De acorodo com o IBGE (Instituto Brasileiro de Geografia e Estatística), em 2018, 14 de cada 100 pessoas da população brasileira eram idosos. Além disso, nesse ano, a expectativa de vida desses idosos era de, aproximadamente, 73 anos para homens e 80 anos para as mulheres.

De acordo com o Estatuto do Idoso, em eventos culturais, artísticos, esportivos e de lazer os idosos devem ter acesso preferencial ao local do evento e pagar metade do ingresso.

🔷 **Responda.**

1. Quem tem a maior expectativa de vida: os idosos do sexo feminino ou os do sexo masculino? _____

2. Quantos anos representam a diferença de expectativa de vida entre idosos do sexo feminino e do sexo masculino? _____

3. Se o ingresso para um espetáculo teatral custa 60 reais, quanto esse ingresso custará para um idoso? _____

Transpor dados de uma tabela para um gráfico de barras verticais

1 Bruno realizou uma pesquisa para saber de que maneira os alunos do 2º ano vão para a escola. Em seguida, ele organizou os dados que coletou na tabela abaixo.

Como os alunos do 2º ano vão para a escola				
Maneira de ir à escola	🚌	🚐	🚗	🚶
Número de alunos	25	30	20	40

Dados obtidos por Bruno, em maio de 2019.

Em seguida, com base na tabela, Bruno construiu um gráfico de barras verticais, em que cada quadrinho pintado representa 5 alunos. Veja.

Dados obtidos por Bruno, em maio de 2019.

a) Qual é a maneira de ir à escola mais utilizada pelos alunos entrevistados por Bruno? E a menos utilizada? _____

b) Bruno entrevistou mais ou menos de 100 alunos? _____

2 Na escola de Mário foi organizada uma gincana de Matemática. Os alunos participantes dessa gincana fizeram uma votação para escolher que cor de camiseta eles vão usar no evento. Os dados coletados foram organizados na tabela abaixo.

Camiseta para a gincana de Matemática			
Cor			
Quantidade de votos	40	20	50

Dados obtidos pelos participantes da gincana de Matemática, em maio de 2019.

a) Com base na tabela, complete o gráfico de barras verticais abaixo. Nele, cada quadrinho pintado vai representar 10 votos.

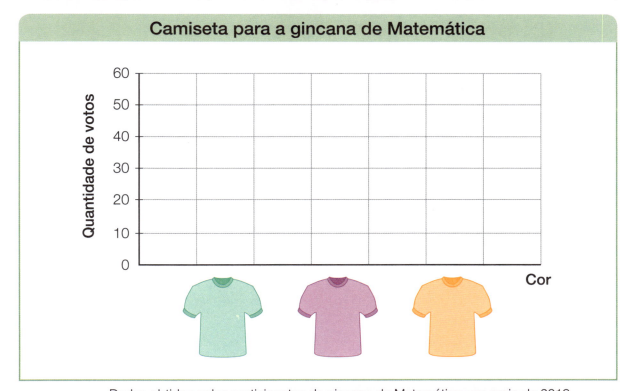

Dados obtidos pelos participantes da gincana de Matemática, em maio de 2019.

b) Você prefere comparar os dados da pesquisa observando a tabela ou o gráfico de barras verticais? Por quê?

1 Observe a sequência e responda.

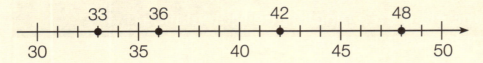

Números secretos
Nesta atividade, você terá de descobrir alguns números por meio de dicas.

a) Qual é a dezena exata mais próxima de 42? _____

b) Qual é a dezena exata mais próxima de 36? _____

c) Qual é a dezena exata mais próxima de 48? _____

d) Qual é a dezena exata mais próxima de 33? _____

2 Iaci tem 10 moedas de 1 real e quer trocá-las por uma única cédula de real. Por qual cédula Iaci pode trocar suas 10 moedas de 1 real?

_____

3 Em cada caso, componha os números. Em seguida, escreva como se lê cada um deles.

a) 1 centena, 4 dezenas e 5 unidades

_____

b) 8 centenas, 6 dezenas e 9 unidades

_____

c) 10 dezenas e 3 unidades

_____

d) 17 dezenas e 1 unidade

_____

e) 9 centenas, 8 dezenas e 7 unidades

_____

4 Em cada caso, complete os quadros de ordem com o maior número que pode ser formado com os três algarismos dados.

a) 3, 2 e 8

C	D	U

b) 9, 1 e 6

C	D	U

c) 0, 6 e 5

C	D	U

- Converse com os colegas sobre o modo como você pensou para completar os quadros de ordem acima.

5 Mário tem 540 reais em cédulas de 100 reais e de 10 reais e quer trocar tudo por cédulas de 10 reais. Veja como ele pensou para saber com quantas cédulas de 10 reais ficaria.

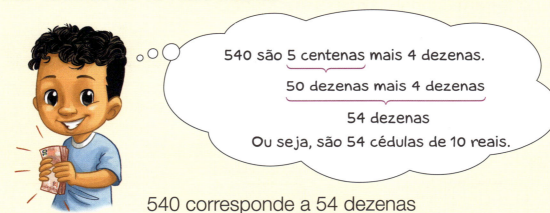

540 são 5 centenas mais 4 dezenas.
50 dezenas mais 4 dezenas
54 dezenas
Ou seja, são 54 cédulas de 10 reais.

540 corresponde a 54 dezenas

- Agora é a sua vez! Observe as cédulas abaixo e responda às questões.

a) Quantos reais há no total? _____

b) Por quantas cédulas de 10 reais poderiam ser trocadas as cédulas acima? _____

PAULO BORGES

BANCO CENTRAL DO BRASIL

6 Sabendo que Bruno tem 256 figurinhas, responda às questões a seguir.

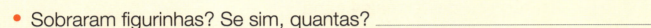

a) Se ele arrumasse suas figurinhas em grupos de 100, quantos grupos completos

formaria? _____

- Sobrariam figurinhas? Se sim, quantas?

_____

b) Felipe resolveu organizar as figurinhas de Bruno em grupos de 10. Quantos grupos completos

ele formou? _____

- Sobraram figurinhas? Se sim, quantas? _____

7 Indique quantas cédulas de cada valor são necessárias para que, juntas, formem 1 000 reais.

- Agora, compare sua resposta com a dos colegas. O que você pode perceber?

8 Pinte as operações cujo resultado seja igual a 1 000.

| 900 + 100 | 800 + 199 | 990 + 10 |
| 900 + 10 | 999 + 1 | 900 + 99 |

9 Complete cada sequência sabendo que em cada uma delas os números diminuem de dois em dois.

a)

818		814			808		804	

b)

	998	996			990			

10 Encontre a sequência numérica que obedece às regras abaixo.

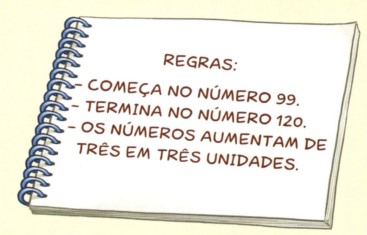

REGRAS:
– COMEÇA NO NÚMERO 99.
– TERMINA NO NÚMERO 120.
– OS NÚMEROS AUMENTAM DE TRÊS EM TRÊS UNIDADES.

EDNEI MARX

Desafio

Muitas vezes precisamos criar códigos para identificar algum produto.
Por exemplo: Marcos precisa criar códigos para identificar os sabores dos sorvetes que ele vende em sua sorveteria.
Ele só pode usar os algarismos 3, 4, 5 e 6, e cada código só pode ser formado por dois algarismos diferentes.
Quantos códigos ele conseguirá criar? Escreva os códigos que podem ser criados por Marcos.

FABIO EIJI SIRASUMA

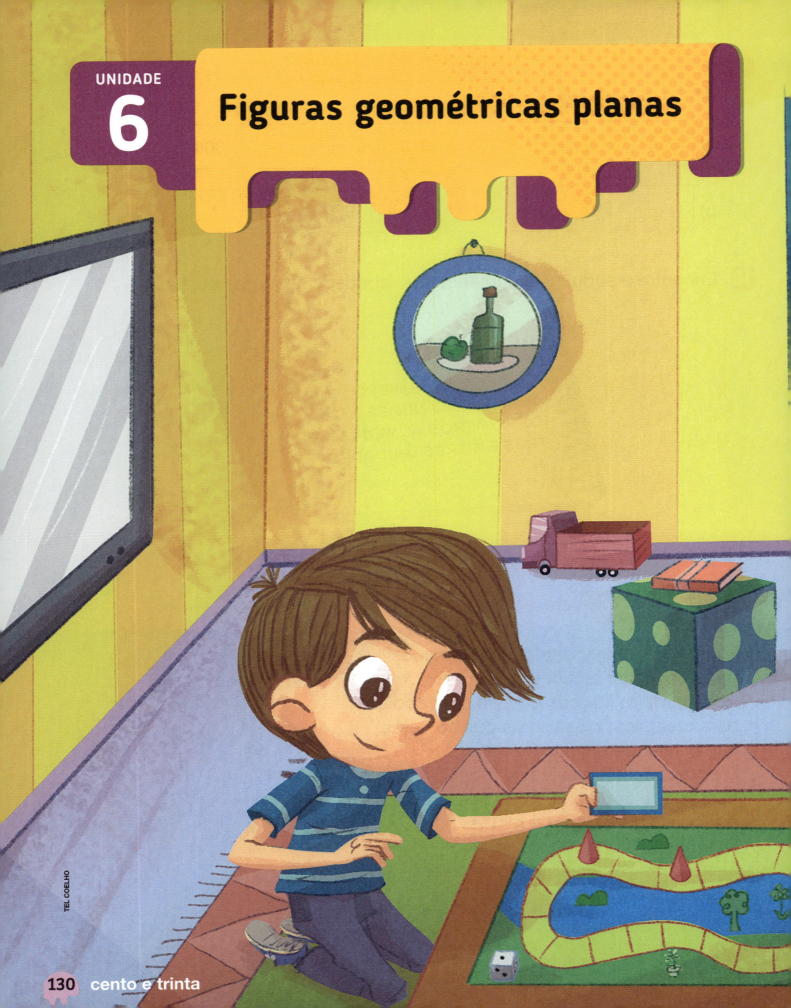

TEL COELHO

1. Quais objetos da ilustração lembram figuras geométricas não planas?

2. Quais objetos da ilustração lembram figuras geométricas planas?

3. Cite outros objetos que você conhece que lembram figuras geométricas planas.

🎓 Aprendendo

1 Uma caixa de chocolate foi desmontada e recortada com uma tesoura. Observe atentamente as partes recortadas dessa caixa. Cada uma delas lembra uma figura geométrica plana.

As partes dessa caixa de chocolate lembram três **retângulos** e dois **triângulos**.

1 Observe o dado feito de cartolina. Esse dado também foi desmontado, e suas partes estão destacadas ao lado dele.

Cada uma de suas partes lembra uma figura geométrica plana.

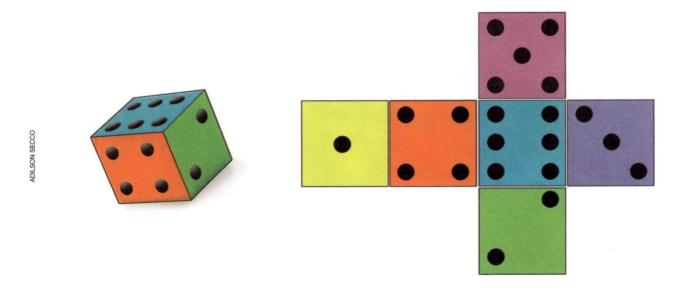

As partes do dado lembram seis **quadrados**.

Observe, agora, uma caixa de bolo desmontada. Suas partes também lembram figuras geométricas planas.

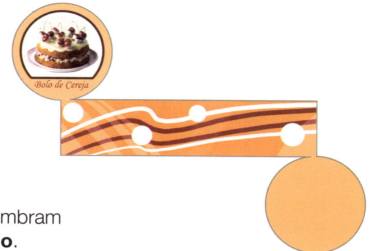

PAULO MANZI

As partes da caixa de bolo lembram dois **círculos** e um **retângulo**.

O retângulo, o quadrado, o triângulo e o círculo são **figuras geométricas planas**.

Retângulo  Triângulo  Círculo 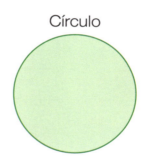 Quadrado

ADILSON SECCO

 **Curiosidade**

Piet Mondrian

Piet Mondrian (1872-1944) foi um famoso pintor holandês. Muitas de suas telas são compostas de figuras geométricas planas nas cores vermelha, amarela, azul, preta e cinza, como o quadro ao lado.

MUSEU MUNICIPAL DE HAIA, HOLANDA

Composição com grande plano vermelho, amarelo, preto, cinza e azul, de Piet Mondrian. 1921, óleo sobre tela.

1 Quais figuras geométricas planas foram usadas na composição abaixo?

_____

_____

2 Quantos círculos, retângulos e triângulos há na figura a seguir?

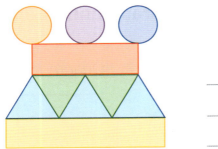

_____ círculos

_____ retângulos

_____ triângulos

3 Desenhe um boneco no espaço reservado, utilizando as figuras geométricas planas a seguir.

Um triângulo

Um círculo

Um quadrado

Quatro retângulos

ILUSTRAÇÕES: ADILSON SECCO

4 No quadrado abaixo, foram destacados um dos lados e um dos vértices. Observe as figuras e complete os espaços.

a)

O quadrado tem _____ lados

e _____ vértices.

b)

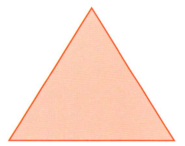

O retângulo tem _____ lados

e _____ vértices.

c)

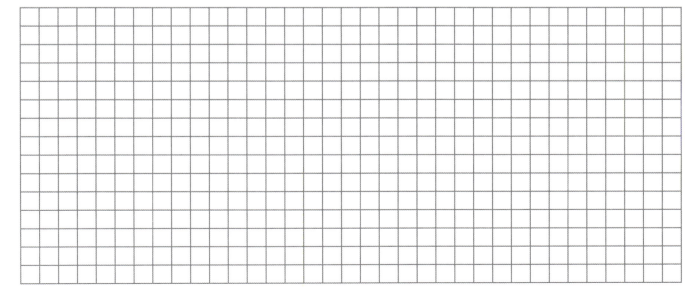

O triângulo tem _____ lados

e _____ vértices.

ILUSTRAÇÕES: ADILSON SECCO

5 Produza uma obra de arte na malha quadriculada abaixo, usando as seguintes figuras geométricas: um quadrado vermelho, três retângulos amarelos, um quadrado preto, um retângulo verde e um retângulo azul.

6 Descubra o segredo e, depois, desenhe figuras para completar cada sequência.

a)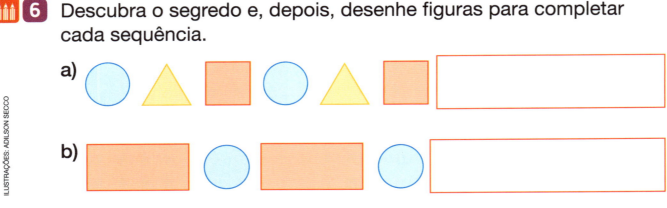

b)

c)

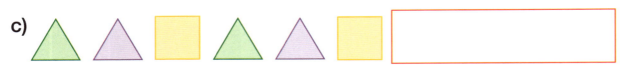

- Agora, explique a um colega como você pensou para descobrir o segredo de cada sequência. Depois, descreva as figuras que você desenhou para completar cada uma.

??? Curiosidade

O geoplano

O geoplano é um objeto composto de pinos dispostos em forma quadricular sobre um pedaço de madeira. Utilizando um elástico, podemos fazer o contorno de diferentes figuras geométricas planas.

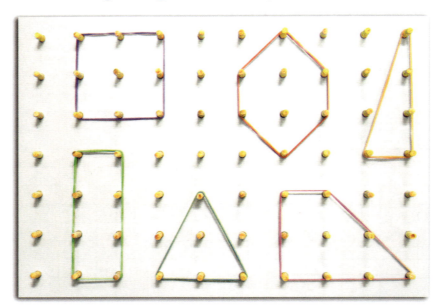

2 Representando figuras geométricas planas

🎓 Aprendendo

■ Com um lápis, Isabela fez o contorno de uma das partes de cada um dos modelos de figuras geométricas e, depois, pintou a região interna de cada contorno.

Note que os modelos usados por Isabela lembram figuras geométricas não planas. São elas: um cubo, um paralelepípedo e uma pirâmide.

Já os desenhos obtidos por Isabela lembram figuras geométricas planas. São elas: um quadrado, um retângulo e um triângulo.

✏️ Praticando

Bruno fez um desenho representando um relógio de parede visto de frente.

- A imagem desenhada por Bruno lembra uma figura geométrica plana ou uma figura geométrica não plana? Qual é o nome dela?

Obtendo figuras de papel

Com uma cartolina colorida ou uma folha de papel sulfite, podemos construir diversos modelos de figuras geométricas planas.

Leia as orientações e descubra como construir um retângulo e dois triângulos de papel.

Material

✔ 1 folha de papel retangular

✔ Tesoura sem ponta

Tarefa

1. Dobre a ponta superior do papel como mostra a figura ao lado.

2. Recorte o papel como indicado. Com a parte menor que sobrar, você obterá um modelo de

_____.

3. Abra a parte maior do papel. Você obterá um

modelo de _____.

4. Depois, corte o quadrado na dobra que se formou conforme mostrado ao lado. Você obterá dois modelos de

_____.

Agindo e construindo

Obtendo um círculo de papel

Inicialmente, vamos descobrir como podemos desenhar uma circunferência.

Material

✔ 1 copo descartável

✔ 1 folha de papel sulfite ou cartolina

Tarefa

1. Coloque o copo sobre a folha de papel sulfite ou cartolina e, com o auxílio de um lápis, trace uma circunferência.

2. Recorte o papel, seguindo o traçado do desenho para obter um círculo.

Aprendendo

🔲 Os mosaicos são composições feitas com peças que se encaixam lado a lado. Eles costumam apresentar um padrão e podem ser encontrados em pisos, calçadas ou paredes. Observe um exemplo de mosaico com padrão.

O mosaico ao lado é formado por quadrados e triângulos.

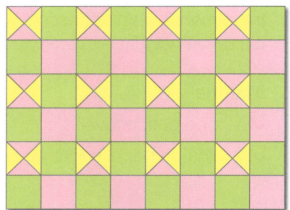

Praticando

1 Reproduza o mosaico de cores verde e laranja na malha quadriculada.

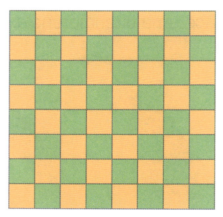

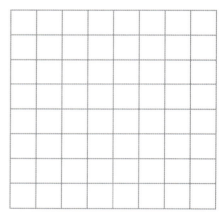

2 Descubra como o desenho se repete e complete o mosaico.

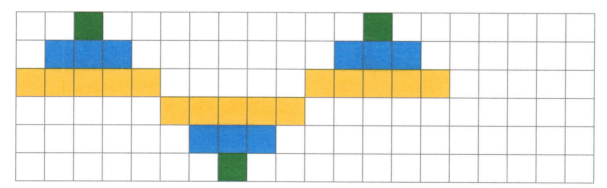

• Agora, explique a um colega como você pensou para completar o mosaico acima.

Memória das figuras

⚑ Material

✓ 16 cartas da página **A12**

⚑ Maneira de brincar

1. Reúna-se com um colega e espalhem as 16 cartas sobre a mesa, com os desenhos das figuras geométricas voltados para baixo.

2. Decidam quem começa o jogo. O jogador da vez deve virar duas cartas para tentar montar um par com figuras geométricas de mesmo formato. Caso não consiga, o jogador vira as cartas para baixo e passa a vez.

3. Ganha o jogo quem tiver o maior número de pares de cartas com figuras geométricas do mesmo formato.

PAULO BORGES

⚑ Agora, responda.

1. A cena mostra uma jogada de Iaci. Ela conseguiu montar um par?

_____

2. A figura azul da carta virada por Iaci tem o formato de qual figura geométrica?

_____

1 Pinte a figura circular de [imagem], a quadrada de [imagem], a retangular de [imagem] e a triangular de [imagem].

2 Ligue cada objeto ao nome da figura geométrica com a qual ele se parece.

| Retângulo | Círculo | Quadrado |

3 Crie um mosaico com padrão na malha abaixo.

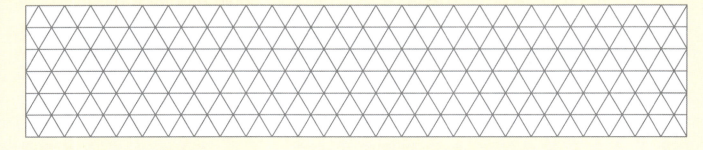

1. Ligue as figuras que se completam para formar um quadrado.

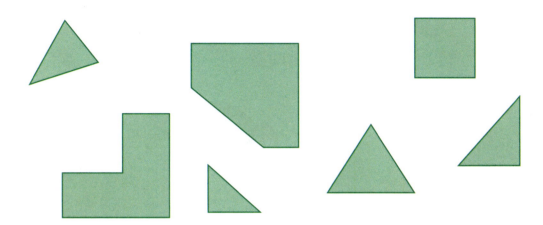

2. Isabela desenhou um paralelepípedo em uma malha triangular e Mário desenhou um retângulo em uma malha quadriculada. Veja abaixo.

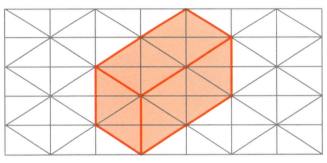

Paralelepípedo

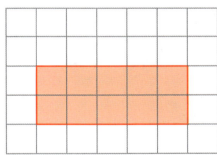

Retângulo

• Agora, desenhe uma figura em cada malha abaixo: um cubo na malha triangular e um quadrado na malha quadriculada.

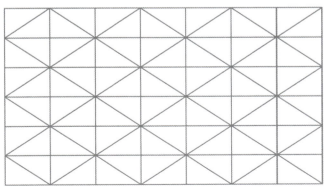

Cubo

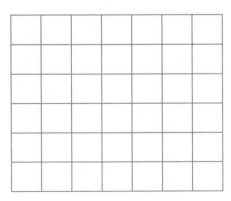

Quadrado

ADILSON SECCO

MARIO MATSUDA

MARIO MATSUDA

UNIDADE 7

Medidas de comprimento, massa e capacidade

FERNANDO SOUZA

150
140
130
120

Trocando ideias

1. O que está acontecendo em cada uma das cenas?

2. Que instrumento de medida pode ser usado para medir a altura de uma pessoa? E a massa?

1 Medindo comprimentos

🎓 Aprendendo

🔖 Mário, Ana e Iaci estão medindo comprimentos.

A casinha tem comprimento igual a 2 pés de Mário.

O comprimento da mesa é igual a 5 palmos de Iaci.

O comprimento da floreira é igual a 6 passos de Ana.

O **pé** de Mário, o **palmo** de Iaci e o **passo** de Ana foram usados como **unidades de medida** de comprimento.

Praticando

1 De que outras maneiras podemos efetuar medidas de comprimento? Converse sobre isso com os colegas.

2 Utilizando seu palmo ou passo, determine:

a) a largura da porta de sua sala de aula ▶ _____

b) o comprimento de sua sala de aula ▶ _____

3 Bruno mediu o comprimento da cama usando seu palmo.

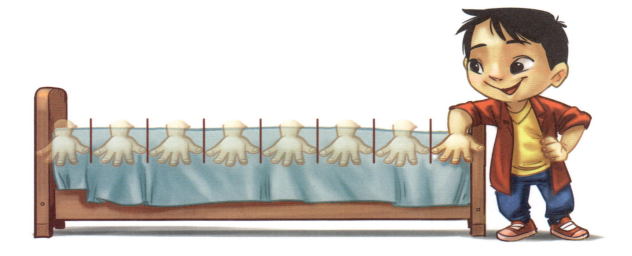

O comprimento da cama é igual a _____ palmos de Bruno.

4 Lucas usou uma tampinha de caneta para medir seu caderno, conforme mostra a figura ao lado.

• Qual é a medida do comprimento do caderno de Lucas em tampinhas de caneta?

O comprimento do caderno de Lucas

é igual a _____ tampinhas de caneta.

ILUSTRAÇÕES: PAULO BORGES

Agindo e construindo

Medindo com barbante

Material

✔ Barbante

✔ Tesoura sem ponta

✔ Canetas hidrográficas: azul e vermelha

Tarefa

1. Cortem dois pedaços de barbante de comprimentos diferentes. Pintem um dos pedaços de vermelho e o outro de azul.

2. Em seguida, meçam o comprimento aproximado de alguns objetos de sua classe usando esses barbantes como unidade de medida.

3. Depois, preencham o quadro a seguir com as medidas aproximadas que vocês obtiveram.

	Medida obtida com barbante vermelho	Medida obtida com barbante azul
Comprimento do caderno		
Comprimento do quadro		
Largura da porta		
Comprimento da parede do fundo		
Altura do colega		
Comprimento da mesa do professor		
Altura da mesa do aluno		
Altura do chão até o quadro		
Altura da mesa do professor		

🎓 Aprendendo

O centímetro

1 Com uma régua, Isabela mediu o comprimento de um clipe e verificou que ele mede 4 **centímetros**.

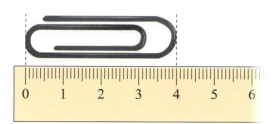

> O **centímetro** (**cm**) é uma unidade de medida de comprimento.
> 1 centímetro: 1 cm

✏️ Praticando

1 Escreva o comprimento de cada objeto, em centímetro.

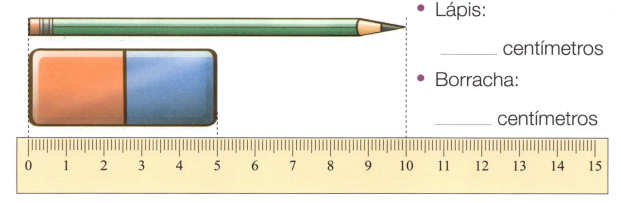

- Lápis:

  _____ centímetros

- Borracha:

  _____ centímetros

- Faça uma estimativa da medida do comprimento do seu caderno em centímetro. Depois, obtenha a medida desse comprimento com uma régua.

2 Descubra o comprimento do contorno de cada figura ao lado, colocando um barbante sobre ele e depois medindo o comprimento do barbante.

a)

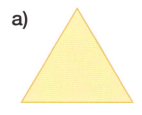

_____

b)

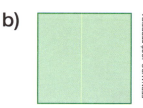

_____

 **Aprendendo**

O milímetro

🔷 Com uma régua, Ana mediu a espessura de um livro, em **milímetro**.

A espessura desse livro é menor que 1 centímetro.

A espessura desse livro é igual a 8 milímetros.

Um centímetro é formado por 10 milímetros.

> O **milímetro** (**mm**) também é uma unidade de medida de comprimento.
> 1 milímetro: 1 mm
> 10 milímetros equivalem a 1 centímetro
> 10 mm = 1 cm

Praticando

1 Escreva a medida do comprimento de cada desenho, em milímetro.

a)

_____ milímetros

b)

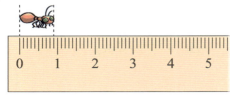

_____ milímetros

2 Faça uma estimativa da medida, em milímetro, da espessura do seu livro. Depois, meça-o utilizando uma régua.

Aprendendo

O metro

1. Com uma fita métrica de **1 metro**, Laura mediu o comprimento de um pedaço de barbante.

> Mais 10 cm e esse pedaço teria 1 metro de comprimento.

O comprimento do pedaço de barbante medido por Laura é igual a 90 centímetros.

Um metro é formado por 100 centímetros.

> O **metro (m)** também é uma unidade de medida de comprimento.
> 1 metro: 1 m
> 1 metro equivale a 100 centímetros
> 1 metro: 100 cm

Veja alguns instrumentos utilizados para medir comprimentos.

Fita métrica

Trena

Metro de pedreiro

Régua

1 Com a ajuda do professor, corte um pedaço de barbante com a medida de 1 metro. Com o barbante, meça o comprimento de sua carteira e responda: ela tem mais ou tem menos de 1 metro?

2 Observe estes produtos. Marque com um **X** aqueles que podemos comprar por metro.

3 O comprimento de um palito foi usado como unidade de medida. Qual é o comprimento de cada um dos caminhos (A, B e C) ao lado?

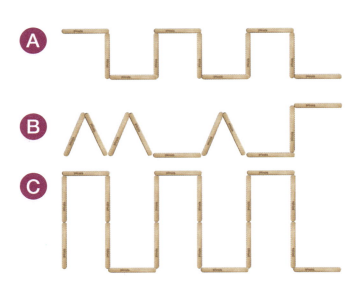

* Verifique e complete.

Caminho	A	B	C
Comprimento	_____ palitos	_____ palitos	_____ palitos

ILUSTRAÇÕES: WAGNER WILLIAN

4 Observe as cenas e complete as frases com as medidas corretas.

a)

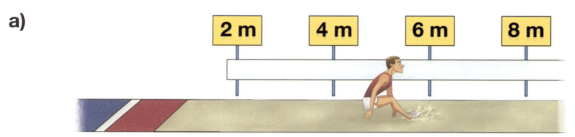

- O atleta saltou quase _____ metros.

b)

- Os atletas vão passar pela marca dos _____ metros.

5 Sabemos que as réguas são graduadas em centímetros. O centímetro, assim como o metro, é usado para expressar medidas de comprimento. Veja, na ilustração, a medida de 1 centímetro indicada na régua.

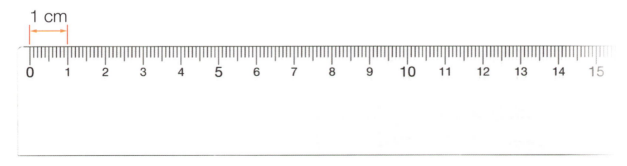

- Agora, utilize uma régua para medir o comprimento e a largura, aproximada, da capa deste livro. _____

6 Estime os comprimentos dos elementos a seguir. Ligue cada elemento à sua medida aproximada.

O comprimento de uma borracha. ●	● 170 cm
A largura da porta da sala de aula. ●	● 4 cm
A altura de um adulto. ●	● 17 cm
O comprimento de um lápis. ●	● 80 cm

7 Observe os bastões abaixo e responda.

50 cm   50 cm

a) Qual será o comprimento desses dois bastões se os unirmos

pelas pontas? _____

b) O comprimento total é maior, menor ou igual a 1 metro? _____

_____

8 Sabendo que 1 metro é igual a 100 centímetros, complete os espaços a seguir.

> **Exemplo:**
> 1 m e 40 cm = 100 cm + 40 cm = 140 cm

a) 1 m e 65 cm = _____ cm + _____ cm = _____ cm

b) 2 m e 50 cm = _____ cm + _____ cm = _____ cm

c) 3 m e 24 cm = _____ cm + _____ cm = _____ cm

9 Luís comprou 2 metros de fio preto e 5 metros de fio branco. Quantos metros de fio ele comprou ao todo?

Luís comprou _____ metros de fio ao todo.

10 Cristina tinha um tecido com 8 metros de comprimento. Usou 3 metros para fazer uma cortina. Quantos metros sobraram do tecido?

Sobraram _____ metros do tecido.

11 Escreva o nome do instrumento que você utilizaria para medir o comprimento em cada caso: régua, fita métrica ou trena.

a) Comprimento de um lápis. _____

b) Comprimento de um muro que cerca uma casa. _____

c) Comprimento dos lados da sala de aula. _____

d) Comprimento de um apontador. _____

12 Uma peça de dominó tem 4 cm de comprimento. Para formar uma fileira de 12 cm, quantas dessas peças são necessárias?

PAULO MANZI

São necessárias _____ peças de dominó.

Aprendendo

Existem diferentes balanças que podem ser utilizadas para medir a massa de objetos e alimentos. Veja alguns modelos.

As balanças de dois pratos servem, também, para comparar massas.

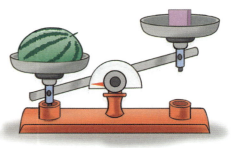

A melancia é mais pesada que o bloquinho.

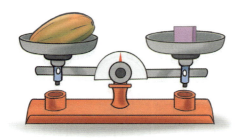

O mamão tem a mesma massa que o bloquinho.

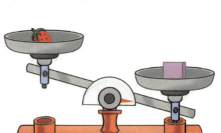

O morango é mais leve que o bloquinho.

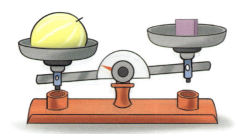

O melão é mais pesado que o bloquinho.

Praticando

1 Dos produtos a seguir, marque com um **X** aqueles que, normalmente, são comprados por quilograma.

2 Em cada caso, cerque com uma linha a fruta que tem a maior massa. Depois, complete as frases a seguir com leve ou pesado.

a)

A maçã é mais _____ que a melancia.

b)

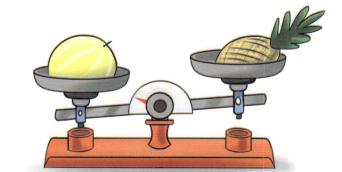

O melão é mais _____ que o abacaxi.

3 Observe as balanças abaixo.

> **Balança de dois pratos**
> Neste jogo, você deverá comparar as massas dos objetos.

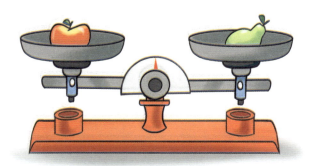 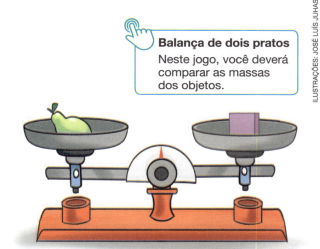

a) Podemos dizer que a maçã e a pera têm a mesma massa? Por quê?

b) Podemos dizer que a maçã e o bloquinho têm massas iguais? Por quê?

cento e cinquenta e sete **157**

📖 Aprendendo

O quilograma

🔢 Observe Mário e Bruno nas balanças.

35 quilogramas — Mário

40 quilogramas — Bruno

A massa de Mário é 35 quilogramas.

A massa de Bruno é 40 quilogramas.

> O **quilograma** (**kg**) é uma unidade de medida de massa.
> 1 quilograma: 1 kg

✏️ Praticando

1 Marque com um **X** as mercadorias que geralmente compramos em quilograma.

 **2** Observe a ilustração e, depois, pinte os quadrinhos com a cor do objeto que corresponde à informação abaixo.

☐ O objeto mais leve.

☐ O objeto mais pesado.

3 Estime as massas dos elementos a seguir. Ligue cada elemento à massa correspondente.

Um pacote de açúcar. ●	● 50 kg
Uma melancia. ●	● 1 kg
Um saco grande de cimento. ●	● 8 kg

4 Uma padaria produziu 7 quilogramas de pão. Foram vendidos 4 quilogramas. Quantos quilogramas de pão restaram?

Restaram _____ quilogramas de pão.

5 Observe os produtos que Mariana comprou no mercado e determine quantos quilogramas ela comprou ao todo.

Mariana comprou _____ quilogramas ao todo.

ALEXANDRE DUBIELA

ILUSTRAÇÕES: WAGNER WILLIAN

Aprendendo

O grama

🔟 Renato vai fazer pão doce. Veja a lista de ingredientes que ele vai utilizar.

> Na semana que vem vou ter de fazer duas receitas de pão doce. Então vou precisar de 1 quilograma de farinha de trigo.

Ingredientes para fazer 1 receita de pão doce
* **30 gramas** de fermento para pão.
* 1 copo de leite morno.
* 2 ovos batidos.
* Meio copo de óleo.
* 2 colheres de açúcar.
* **500 gramas** de farinha de trigo.

Para fazer uma receita, Renato vai precisar de menos do que 1 kg de farinha de trigo.

Ele vai precisar de 500 gramas de farinha de trigo.

Um quilograma é formado por 1 000 gramas.

O **grama** (g) também é uma unidade de medida de massa.
1 grama: 1 g
1 quilograma equivale a 1 000 gramas
1 kg = 1 000 g

Praticando

1 Em seu caderno, faça uma lista de mercadorias que geralmente compramos em grama. Depois, compartilhe sua lista com os colegas.

2 Cláudia comprou 3 pacotes de 1 000 gramas de açúcar. Quantos quilogramas de açúcar Cláudia comprou?

WAGNER WILLIAN

Cláudia comprou _____ quilogramas de açúcar.

3 Medindo capacidades

Aprendendo

A quantidade de líquido que um recipiente pode conter corresponde à **capacidade** desse recipiente.

Para saber a capacidade de um recipiente, podemos usar como unidade de medida, por exemplo, um copo, uma garrafa ou um balde.

Copo

Garrafa

Balde

DANILLO SOUZA

Dois copos totalmente cheios de água poderiam encher essa garrafa.

Oito garrafas totalmente cheias de água poderiam encher esse balde.

1 Luana despejou todo o suco da jarra em copos iguais.

Observe a ilustração abaixo.

- Considerando um dos copos mostrados na ilustração como unidade de medida, podemos dizer que a capacidade dessa jarra é igual a

_____ copos.

2 Observe as bacias abaixo.

- Estime quantas bacias amarelas cheias de água são necessárias para encher a bacia azul.

3 Seis copos iguais cheios de água enchem uma jarra, e duas dessas jarras de água enchem um aquário.

- Quantos desses copos cheios de água são necessários para encher

o aquário? _____

🎓 Aprendendo

O litro

❶ Para medir a quantidade de líquido que cabe em um recipiente, podemos usar a unidade de medida chamada **litro** (**L**).

Sabendo que os recipientes a seguir estão totalmente cheios, podemos afirmar:

A caixa de leite contém 1 litro.

A garrafa de desinfetante contém 2 litros.

O garrafão de água contém 20 litros.

ILUSTRAÇÕES: DANILLO SOUZA

> O **litro** (**L**) é a unidade de medida usada para medir a capacidade de recipientes.
> 1 litro: 1 L

✏️ Praticando

1 Marque com um **X** as mercadorias que compramos por litro.

ILUSTRAÇÕES: WAGNER WILLIAN

2 Os tanques de combustível dos carros não são todos iguais. Em alguns, cabe mais combustível que em outros. Faça uma pesquisa com seus pais e, se necessário, com outras pessoas para descobrir a capacidade dos tanques de dois carros de modelos diferentes.

• carro 1: _____; capacidade do tanque: _____ litros.

• carro 2: _____; capacidade do tanque: _____ litros.

3 Em um final de semana, Sílvio bebeu 3 litros de suco e Mateus bebeu 2 litros. Quantos litros de suco os dois beberam ao todo?

Os dois beberam ao todo _____ litros de suco.

4 Horácio gastou 5 litros de gasolina em um dia e 3 litros de etanol no dia seguinte. Quantos litros de combustível ele gastou nesses dois dias?

Horácio gastou _____ litros de combustível nesses dois dias.

5 Carla possui uma pequena fábrica de queijos. Em um dia, ela utilizou 7 litros do leite que estava armazenado no *freezer,* sobrando, ainda, 2 litros. Quantos litros de leite havia, inicialmente, armazenado no *freezer?*

Havia, inicialmente, _____ litros de leite armazenado no *freezer*.

6 Leno comprou 8 litros de mel. Deu 4 litros para seu primo. Com quantos litros de mel ele ficou?

Pensando em medidas
Nesta atividade, em cada etapa, você terá de coletar os objetos relacionados a uma unidade de medida específica.

Leno ficou com _____ litros de mel.

7 Gabriel comprou 3 garrafas de suco de uva. A capacidade de cada garrafa é de 2 litros. Quantos litros de suco ele comprou ao todo?

Gabriel comprou, ao todo, _____ litros de suco.

8 Cláudia, tia de Iaci, deixou na geladeira três jarras de suco com sabores diferentes. Observe.

Suco de laranja
4 litros

Suco de abacaxi
2 litros

Suco de goiaba
3 litros

- Complete.

a) O suco em maior quantidade é o de _____.

b) Cláudia deixou na geladeira, ao todo, _____ litros de suco.

JOSÉ LUIS JUHAS

 **Aprendendo**

O mililitro

1 Sara está fazendo um suco de maracujá. Veja.

"Para fazer este suco, despejei no liquidificador toda a água dessas 2 garrafas de 500 **mililitros** cada uma."

Em cada garrafa, havia menos de 1 litro de água.

O conteúdo de duas garrafas de 500 mililitros, ou seja, 1 000 mililitros, corresponde a 1 litro.

O **mililitro (mL)** também é uma unidade de medida usada para medir a capacidade de recipientes.
1 mililitro: 1 mL
1 litro equivale a 1 000 mililitros
1 L = 1 000 mL

Praticando

1 Observe a ilustração ao lado e responda.

a) Qual é a capacidade desse recipiente? _____

b) Ele tem mais ou menos de 1 litro? _____

ILUSTRAÇÕES: JOSÉ LUIS JUHAS

 2 Reúna-se com 3 colegas. Seu professor vai distribuir uma garrafa PET vazia e um copinho de água para vocês. Façam uma estimativa de quantos copinhos como esse serão necessários para encher completamente a garrafa.

Material

✓ Cartela da página **A13**

✓ 18 cartas da página **A14**

PAULO BORGES

Maneira de brincar

1. Reúna-se com um colega.

2. Cada jogador destaca o material do seu livro.

3. Embaralhem e espalhem as 36 cartas sobre uma mesa, com as figuras voltadas para baixo.

4. Cada jogador, na sua vez, escolhe uma carta e a encaixa em sua cartela, de acordo com as categorias: centímetro ou metro, quilograma e litro.

Caso a categoria de sua cartela esteja completa, o jogador deve devolver a carta à mesa e embaralhar as cartas novamente.

5. Ganha o jogo aquele que completar primeiro sua cartela.

Agora, responda.

- Analise as cartas do jogo e responda: quantos produtos podem ser comprados por litro? E por quilograma? E por centímetro ou metro?

_____

_____

_____

_____

1 Com o auxílio de uma régua, meça os lados das figuras.

Lado:

_____ cm

Lado:

_____ cm

2 Observe as ilustrações.

• Qual das duas embalagens tem a maior massa?

_____

_____

3 Observe a malha quadriculada a seguir e encontre a medida do contorno de cada figura, em centímetro.

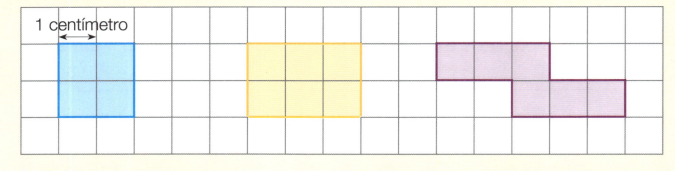

1 centímetro

4 Observe as balanças ao lado.

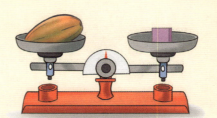

a) Qual fruta tem maior massa: o mamão

ou a melancia? _____

 b) Justifique a resposta dada no item anterior.

c) Se tirarmos os quatro bloquinhos da balança em que está a melancia, quantos desses mamões precisaremos colocar no outro prato para que a balança fique

em equilíbrio? _____

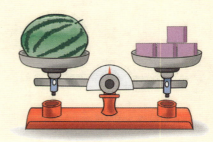

 5 Observe as embalagens abaixo e responda às questões.

a) Em qual das embalagens cabe a maior quantidade de líquido?

b) Em quais embalagens cabe a mesma quantidade de líquido?

 **Desafio**

Observe quantos litros de água há nos recipientes A e B.

A   B   C

• Descubra quantos litros de água há no recipiente C, sabendo que nele há mais água do que no recipiente A e menos do que no B.

_____

_____

_____

ILUSTRAÇÕES: JOSÉ LUÍS JUHAS

PLACAR 1

TIME AMARELO	TIME AZUL
1 5	2 2

PLACAR 2

TIME AMARELO	TIME AZUL
1 8	1 3

Trocando ideias

1. Que operação deve ser feita para saber o total de pontos que cada equipe obteve na gincana?

2. Qual foi o total de pontos de cada equipe?

3. No **Placar 1**, quantos pontos o time azul fez a mais que o time amarelo?

ALBERTO DE STEFANO

Aprendendo

1 Para calcular o resultado de 5 + 7, Lucas usou bolas de gude.

Primeiro eu escolhi 5 bolas de gude azuis e 7 bolas de gude amarelas.

▶ 5

▶ 7

Depois, juntei as bolas de gude e separei um grupo de 10 bolas. Assim, temos 10 bolas de gude mais 2 bolas de gude, que é igual a 12 bolas de gude.

$$\begin{array}{r} 5 \\ + \quad 7 \\ \hline 1\ 2 \end{array}$$

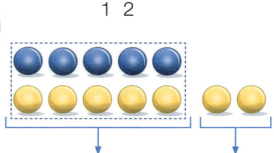

10 unidades ou 1 dezena   2

Observe que 5 bolas de gude mais 7 bolas de gude é igual a 1 dezena de bolas de gude mais duas bolas de gude.

$$5 + 7 = 5 + 5 + 2 = 10 + 2 = 12 \qquad \begin{array}{r} 1\ 0 \\ + \quad 2 \\ \hline 1\ 2 \end{array}$$

Veja outra maneira de adicionar 5 e 7.

Utilizando a reta numérica

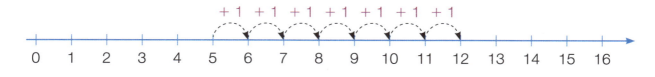

Logo: 5 + 7 = 12

🔢 Ana tinha 16 figurinhas e deu 4 para sua irmã. Com quantas figurinhas ela ficou?

16 figurinhas − 4 figurinhas = 12 figurinhas

Veja outras maneiras de subtrair 4 de 16.

Utilizando o material dourado

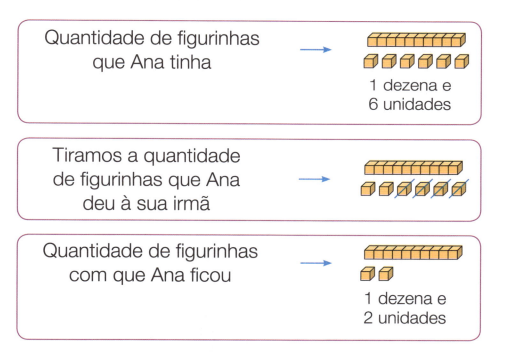

Quantidade de figurinhas que Ana tinha → 1 dezena e 6 unidades

Tiramos a quantidade de figurinhas que Ana deu à sua irmã →

Quantidade de figurinhas com que Ana ficou → 1 dezena e 2 unidades

Assim: 16 − 4 = 12

Utilizando a reta numérica

$$-1 \quad -1 \quad -1 \quad -1$$

Logo: 16 − 4 = 12

Praticando

1 Bruno e Mário desenharam figuras.

 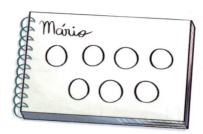

- Juntando a quantidade de figuras que Bruno desenhou com a quantidade de Mário, quantas figuras eles desenharam juntos? _____

2 Observe como João agrupou as figuras verdes e amarelas que desenhou e efetue a adição.

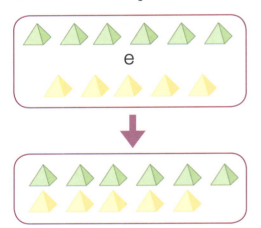

$$\begin{array}{r} 6 \\ + \ 5 \\ \hline \end{array}$$

10   +   1

1 dezena   +   1 unidade ⟶ _____

3 Em um jogo de basquete, Luana marcou 10 pontos no primeiro tempo e 9 pontos no segundo tempo. Quantos pontos, no total, Luana marcou nesses dois tempos? _____

4 Efetue as adições a seguir.

a) 10 + 1 = _____

b) 10 + 2 = _____

c) 10 + 3 = _____

d) 10 + 4 = _____

e) 10 + 5 = _____

f) 10 + 6 = _____

g) 10 + 7 = _____

h) 10 + 8 = _____

i) 10 + 9 = _____

5 Calcule a soma em cada adição.

a)
```
  1 6
+   3
_____
```

b)
```
  1 5
+   2
_____
```

c)
```
  1 1
+   4
_____
```

d)
```
  1 3
+   5
_____
```

6 Observe o exemplo e efetue as subtrações usando as figuras geométricas.

Exemplo:

$13 - 6 = 7$

a) $15 - 9 =$ _____

b) $16 - 7 =$ _____

c) $11 - 6 =$ _____

d) $12 - 5 =$ _____

7 Resolva as subtrações abaixo.

a) $16 - 5 =$ _____

b) $15 - 2 =$ _____

c) $12 - 12 =$ _____

d) $19 - 7 =$ _____

e) $13 - 3 =$ _____

f) $18 - 4 =$ _____

8 Efetue as subtrações a seguir.

a)
```
  1 5
-   3
_____
```

c)
```
  1 7
-   4
_____
```

e)
```
  1 8
-   7
_____
```

g)
```
  1 7
-   7
_____
```

b)
```
  1 4
-   2
_____
```

d)
```
  1 1
-   1
_____
```

f)
```
  1 9
-   6
_____
```

h)
```
  1 8
-   3
_____
```

9 Calcule o resto em cada subtração a seguir.

a) 16 − 4 = _____

b) 18 − 8 = _____

c) 19 − 7 = _____

10 Observe uma maneira de calcular o valor de 16 + 2.

16 = 10 + 6

16 + 2 = 10 + 6 + 2 = 10 + 8 = 18
$\underbrace{}_{8}$

- Agora, calcule mentalmente e, depois, registre o resultado de cada adição.

12 + 1 = _____	12 + 4 = _____	14 + 5 = _____
11 + 3 = _____	13 + 0 = _____	15 + 1 = _____
11 + 5 = _____	13 + 2 = _____	17 + 2 = _____
13 + 1 = _____	13 + 4 = _____	13 + 5 = _____
12 + 3 = _____	14 + 0 = _____	16 + 1 = _____
12 + 5 = _____	14 + 2 = _____	16 + 3 = _____

11 Efetue, mentalmente, as adições abaixo.

a) 11 + 1 = _____

c) 15 + 3 = _____

e) 16 + 2 = _____

b) 17 + 0 = _____

d) 13 + 2 = _____

f) 15 + 4 = _____

12 Em um pasto, havia 17 vacas: 11 eram marrons, e 6 eram brancas.

Quantas vacas marrons havia a mais que vacas brancas? _____

CLAUDIO CHIYO

2 Adição e subtração de dezenas exatas

🎓 Aprendendo

🔲 Em uma gincana, a equipe Águia obteve 20 pontos na primeira tarefa e 30 pontos na segunda tarefa. Ao todo, quantos pontos essa equipe conquistou na gincana?

Utilizando o material dourado

Pontos obtidos na primeira tarefa	Pontos obtidos na segunda tarefa	Total de pontos ganhos nas duas tarefas
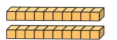	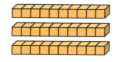	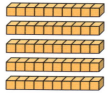
2 dezenas	3 dezenas	2 dezenas + 3 dezenas = = 5 dezenas

Assim: $20 + 30 = 50$

Portanto, a equipe Águia conquistou 50 pontos ao todo.

🔲 Na turma de Guilherme, há 40 alunos. Na quarta-feira, 10 alunos faltaram. Quantos alunos compareceram às aulas nesse dia?

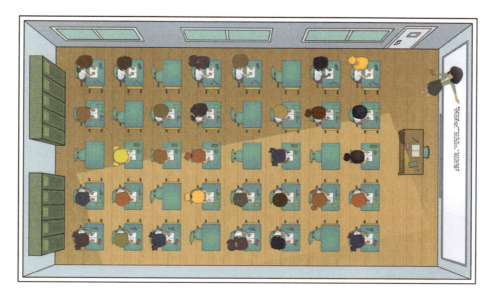

Veja a seguir como podemos resolver essa situação.

ILUSTRAÇÕES: ADILSON SECCO

CLAUDIO CHIYO

Utilizando o material dourado

Quantidade de alunos da turma de Guilherme	Quantidade de alunos que faltaram	Quantidade de alunos presentes
4 dezenas	1 dezena	4 dezenas − 1 dezena = = 3 dezenas

ILUSTRAÇÕES: ADILSON SECCO

Assim: 40 − 10 = 30

Portanto, 30 alunos compareceram às aulas na quarta-feira.

Praticando

1 Observe as cédulas abaixo.

BANCO CENTRAL DO BRASIL

- Qual é o valor em reais das três cédulas juntas? _____

2 Mário e Bruno juntaram dinheiro para comprar um carrinho de rolimã que custava 80 reais. Mário tinha 60 reais, e Bruno, 20 reais.

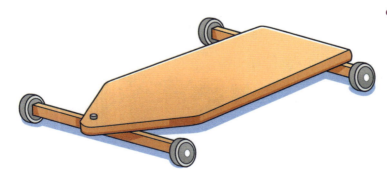

JOSÉ LUÍS JUHAS

- Com o dinheiro que eles juntaram foi possível comprar o carrinho de rolimã? Por quê?

_____

_____

_____

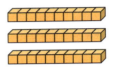

3 Arme e efetue as adições abaixo.

a) 4 dezenas + 3 dezenas

b) 3 dezenas + 6 dezenas

4 Calcule mentalmente e, depois, registre o resultado.

$1 + 1 =$ _____

$10 + 10 =$ _____

$2 + 1 =$ _____

$20 + 10 =$ _____

$5 + 4 =$ _____

$50 + 40 =$ _____

$2 - 1 =$ _____

$20 - 10 =$ _____

$4 - 1 =$ _____

$40 - 10 =$ _____

$5 - 3 =$ _____

$50 - 30 =$ _____

5 No mês de abril fez 10 dias de sol e 20 dias de chuva.

Abril						
D	S	T	Q	Q	S	S
		1	2	3	4	5
6	7	8	9	10	11	12
13	14	15	16	17	18	19
20	21	22	23	24	25	26
27	28	29	30			

JOSÉ LUÍS JUHAS

• Quantos dias de chuva a mais que dias de sol fez em abril? _____

3 | Adição

🎓 Aprendendo

1 Isabela pintou 24 desenhos em janeiro e 15 em fevereiro. Quantos desenhos ela pintou ao todo nesses dois meses?

Para saber o total de desenhos que ela pintou nesses dois meses, devemos calcular 24 + 15.

Quantidade de desenhos pintados em janeiro	Quantidade de desenhos pintados em fevereiro
2 dezenas + 4 unidades	1 dezena + 5 unidades

Total de desenhos pintados nos meses de janeiro e fevereiro:

→ 3 dezenas + 9 unidades

Assim: 24 + 15 = 39

Também podemos fazer esse cálculo com o algoritmo usual.

Observe.

D	U
2	4
+ 1	5
	9

4 unidades mais 5 unidades são 9 unidades.

D	U
2	4
+ 1	5
3	9

2 dezenas mais 1 dezena são 3 dezenas.

Portanto, Isabela pintou 39 desenhos nesses dois meses.

Praticando

1 Mário tinha 32 dinossauros em sua coleção, e sua mãe lhe deu mais uma dezena de dinossauros. Com quantos dinossauros Mário ficou ao todo?

D	U
3	2
+ 1	0

Mário ficou com _____ dinossauros.

2 Efetue as adições a seguir.

a)
```
   5 2
 + 3 5
 ──────
```

c)
```
   4 3
 + 3 6
 ──────
```

e)
```
   1 5
 + 6 2
 ──────
```

b)
```
   1 6
 + 6 2
 ──────
```

d)
```
   3 4
 + 5 0
 ──────
```

f)
```
   6 1
 +   7
 ──────
```

3 Arme e efetue as adições abaixo.

a) 71 + 15 = _____

```
   7 1
 + 1 5
 ──────
```

d) 54 + 45 = _____

b) 70 + 18 = _____

e) 42 + 23 + 31 = _____

c) 16 + 40 + 12 = _____

f) 31 + 50 + 2 = _____

4 Observe uma maneira de adicionar 11 a um número.

$$11 = 10 + 1$$

> Por exemplo: **37 + 11**
> Primeiro adicionamos **10**: 37 + 10 = 47
> Depois adicionamos **1**: 47 + 1 = 48

- Agora, calcule mentalmente e, depois, registre o resultado.

a) 15 + 11 = _____

b) 29 + 11 = _____

c) 88 + 11 = _____

d) 63 + 11 = _____

e) 54 + 11 = _____

f) 76 + 11 = _____

5 Veja a sequência de teclas que devemos apertar em uma calculadora para efetuar a operação 34 + 23.

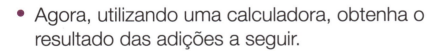

ou

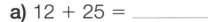

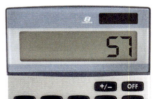

- Agora, utilizando uma calculadora, obtenha o resultado das adições a seguir.

a) 12 + 25 = _____

b) 34 + 43 = _____

c) 22 + 57 = _____

d) 42 + 42 = _____

6 Efetue as adições abaixo.

a)
```
   3 2        4 3
 + 4 3      + 3 2
 _____     _____
```

b)
```
   2 5        3 4
 + 3 4      + 2 5
 _____     _____
```

7 Ana foi ao quadro para calcular 35 + 44. Veja como ela fez.

$$35 \rightarrow 30 + 5$$
$$+ 44 \rightarrow 40 + 4$$
$$79 \leftarrow 70 + 9$$

• Faça como Ana e calcule o resultado das adições a seguir.

a)
26 ⟶ _____ + _____

+ 42 ⟶ _____ + _____

_____ ⟵ _____ + _____

b)
68 ⟶ _____ + _____

+ 31 ⟶ _____ + _____

_____ ⟵ _____ + _____

Resolvendo problemas

Para a festa de aniversário de Bruno, a mãe dele fez 41 brigadeiros e 3 dúzias de beijinhos. Ele e seus primos já comeram 10 brigadeiros. Quantos docinhos a mãe de Bruno fez?

A mãe de Bruno fez _____ docinhos.

8 Observe uma maneira de adicionar 9 a um número.

$$9 = 10 - 1$$

Por exemplo: **47 + 9**
Primeiro adicionamos **10**: 47 + 10 = 57
Depois subtraímos **1**: 57 − 1 = 56

- Agora, calcule mentalmente e, depois, registre o resultado.

a) 51 + 9 = _____   **c)** 39 + 9 = _____   **e)** 88 + 9 = _____

b) 47 + 9 = _____   **d)** 84 + 9 = _____   **f)** 73 + 9 = _____

9 Veja como foi calculado 13 + 24 + 12.

Soma dos algarismos das unidades: **3 + 4 + 2 = 9**

13 + 24 + 12 = 49

Soma dos algarismos das dezenas: **1 + 2 + 1 = 4**

- Agora, calcule do mesmo jeito o resultado das adições a seguir.

a) 32 + 25 + 11 = _____   **b)** 50 + 18 + 30 = _____

10 Observe e resolva o item **a** e faça as adições seguintes da mesma maneira.

a) 20 + 16 =   20 + 10 + 6   =   30 + 6   = _____

b) 30 + 47 = _____ = _____ = _____

c) 50 + 11 = _____ = _____ = _____

🎓 Aprendendo

▪ Observe os peixes de Mário. Ele tinha 18 peixes vermelhos em seu aquário e ganhou 14 peixes azuis. Com quantos peixes Mário ficou no total?

Para saber o total de peixes com que Mário ficou, precisamos adicionar 18 com 14. Veja como podemos fazer essa adição utilizando o material dourado.

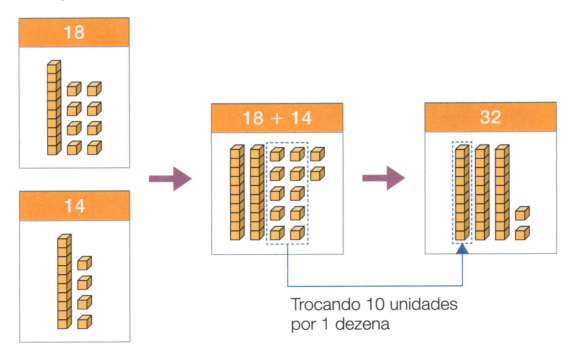

Trocando 10 unidades por 1 dezena

Assim: 18 + 14 = 32

Iaci fez esse cálculo com o algoritmo usual. Observe.

D	U
1	
1	8
+ 1	4
	2

8 unidades mais 4 unidades são 12 unidades, que é o mesmo que 1 dezena e 2 unidades.

D	U
1	
1	8
+ 1	4
3	2

1 dezena mais 1 dezena mais 1 dezena são 3 dezenas

Portanto, Mário ficou com 32 peixes no total.

Na biblioteca da escola em que Isabela estuda há 315 gibis.
Nesta semana chegaram 117 gibis novos.
Quantos gibis essa biblioteca possui ao todo?

Veja a seguir como podemos resolver o problema.

Para saber o total de gibis da biblioteca, devemos calcular o resultado da adição 315 + 117.

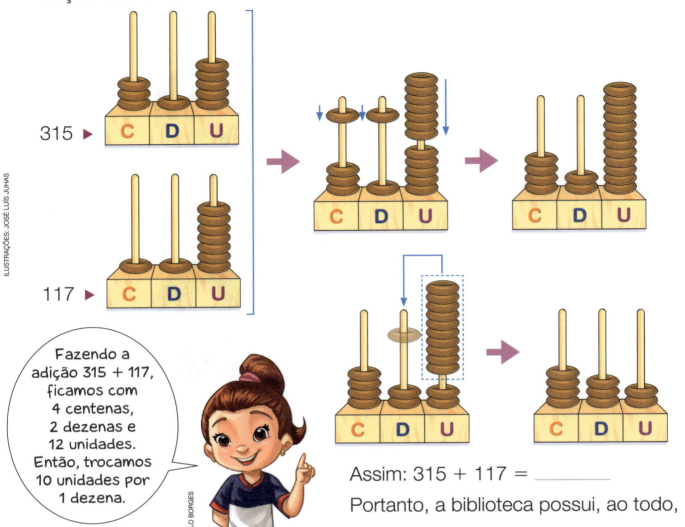

315 ▶

117 ▶

Fazendo a adição 315 + 117, ficamos com 4 centenas, 2 dezenas e 12 unidades. Então, trocamos 10 unidades por 1 dezena.

Assim: 315 + 117 = _____

Portanto, a biblioteca possui, ao todo,

_____ gibis.

Praticando

1 Complete os espaços.

32 ▶   3 dezenas e 2 unidades

19 ▶ + 1 dezena e 9 unidades
_____

_____ dezenas e 11 unidades ou

5 dezenas e _____ unidade = 51 unidades

_32_ + _19_ = _____

2 Para adicionar 14 com 18, Ana utilizou o ábaco. Veja.

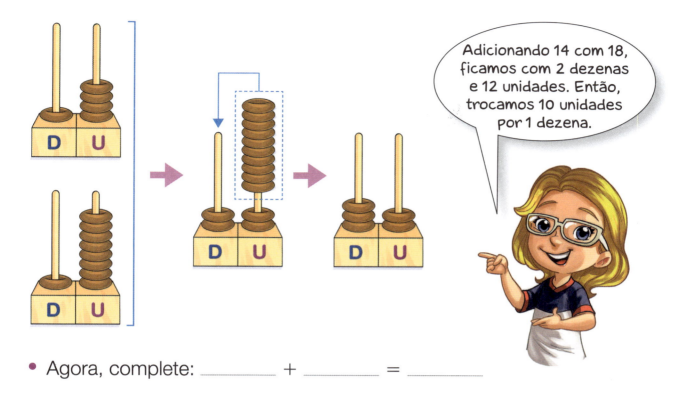

> Adicionando 14 com 18, ficamos com 2 dezenas e 12 unidades. Então, trocamos 10 unidades por 1 dezena.

- Agora, complete: _____ + _____ = _____

3 Observe quantos reais Lucas e Iaci têm.

Lucas	Iaci

a) Quantos reais Lucas possui? _____

b) Quantos reais Iaci possui? _____

c) Quantos reais Lucas e Iaci possuem juntos? _____

d) Represente essa situação por meio de uma adição.

_____ + _____ = _____

4 Calcule o resultado de cada uma das adições.

a) 58 + 25 = _____

D	U
5	8
+ 2	5

c) 63 + 29 = _____

D	U

e) 39 + 29 = _____

D	U

b) 44 + 17 = _____

D	U

d) 78 + 15 = _____

D	U

f) 48 + 34 = _____

D	U

5 Complete os modos como Iaci e Lucas encontraram o resultado da adição 160 + 70.

Primeiro adicionei 40:

160 + _____ = 200

Depois adicionei _____ :

200 + _____ = _____

Primeiro adicionei 100:

160 + _____ = 260

Como adicionei _____ a mais

que 70, agora preciso tirar _____ :

260 − _____ = _____

- Escolha um dos modos, faça as operações abaixo e explique a um colega como você chegou ao resultado.

a) 180 + 50 = _____

b) 340 + 70 = _____

6 Em uma empresa de móveis foram fabricadas 14 mesas e 64 cadeiras no mês de setembro.

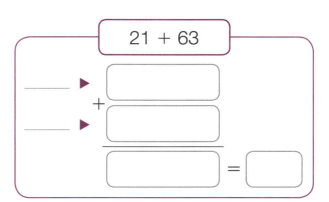

JOSÉ LUIS JUHAS

a) Quantos móveis, ao todo, foram fabricados na empresa nesse mês?

_____

b) Se no mês de setembro tivessem fabricado 7 mesas a mais e 7 cadeiras a menos na empresa, a resposta do item anterior mudaria? Por quê? Converse sobre isso com os colegas.

7 Observe o esquema a seguir, que representa a adição por decomposição. Depois, faça o mesmo com a adição indicada em cada quadro.

Cálculo por decomposição

25 ▶ 20 + 5
  +
23 ▶ 20 + 3
_____
    40 + 8 = 48

21 + 63

_____ ▶ ☐
  +
_____ ▶ ☐
_____
  ☐ = ☐

42 + 55

_____ ▶ ☐
  +
_____ ▶ ☐
_____
  ☐ = ☐

312 + 164

_____ ▶ ☐
  +
_____ ▶ ☐
_____
  ☐ = ☐

8 Iaci e Isabela fizeram 36 bandeirinhas azuis e 47 bandeirinhas amarelas. Quantas bandeirinhas elas fizeram ao todo?

Ao todo, elas fizeram _____ bandeirinhas.

9 Leia a história em quadrinhos abaixo.

• Agora, calcule mentalmente o resultado de cada adição.

a) 14 + 31 = _____

c) 22 + 45 = _____

b) 18 + 31 = _____

d) 35 + 64 = _____

◪ **Material**

✓ Calculadora

◪ **Maneira de brincar**

1. Reúna-se com um colega. Tirem par ou ímpar e decidam quem começa o jogo.

2. O primeiro jogador digita um número de 1 a 9 e passa a calculadora para o outro jogador.

3. O outro jogador aperta a tecla ⬚ + ⬚ e digita um número de 1 a 9.

4. O jogo prossegue até que um dos jogadores faça aparecer na tela o número 60. Esse jogador será o vencedor.

5. Se aparecer um número maior que 60, o jogo recomeça.

PAULO BORGES

◪ **Agora, responda.**

- Ana e Iaci estão jogando. Ana recebeu a calculadora com o número 56. Quais teclas ela deve digitar para obter o número 60?

- Em uma das jogadas, Iaci recebeu a calculadora com o número 49 e digitou as teclas ⬚ + ⬚ ⬚ 1 ⬚ . Ela poderá vencer o jogo na próxima rodada? Por quê?

JOSÉ LUÍS JUHAS

🎓 Aprendendo

◻ No armário da professora Beatriz, havia 46 livros. Ela retirou 24 desses livros para distribuir entre seus alunos. Quantos livros ficaram no armário?

Para saber quantos livros ficaram no armário, devemos calcular 46 − 24.

Veja como Mário resolveu o problema, usando o ábaco.

Primeiro representei no ábaco a quantidade de livros que havia no armário, que era 46.

Depois, tirei a parte correspondente aos livros que foram retirados do armário, ou seja, 2 dezenas e 4 unidades.

Então: 46 − 24 = 22

Portanto, ficaram 22 livros no armário.

ILUSTRAÇÕES: PAULO BORGES; ÁBACO: JOSÉ LUÍS JUHAS

Bruno fez esse cálculo com o algoritmo usual. Observe.

```
  D   U
  4   6
− 2   4
───────
      2
```

6 unidades menos 4 unidades são 2 unidades.

```
  D   U
  4   6
− 2   4
───────
  2   2
```

4 dezenas menos 2 dezenas são 2 dezenas.

Portanto, ficaram 22 livros no armário.

🔲 Bruno e Mário colecionam figurinhas de um álbum. Quando terminarem a coleção, o álbum terá 64 figurinhas. Eles já têm 48 delas. Quantas figurinhas faltam para completar esse álbum?

Para saber quantas figurinhas faltam para completar o álbum, devemos calcular 64 − 48. Veja a seguir como Isabela resolveu o problema usando o material dourado.

Primeiro representei a quantidade de figurinhas que cabem no álbum todo.

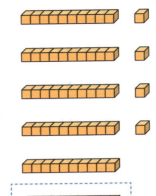

ILUSTRAÇÕES: ADILSON SECCO

Adição e subtração com reagrupamento

Nesta animação, você vai ver algumas formas de fazer adição e subtração.

Trocamos 1 dezena por 10 unidades

Depois, troquei 1 dezena por 10 unidades e em seguida tirei a quantidade correspondente às figurinhas que eles já têm.

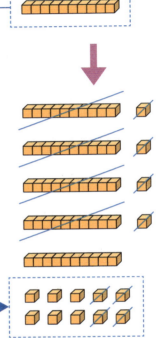

Assim: 64 − 48 = 16

Ana resolveu esse problema com o algoritmo usual. Analise e complete.

```
   D    U
   5   14
   6̸    4̸
−  4    8
_____
        6
```

Como não conseguimos subtrair 8 unidades de 4 unidades, trocamos

1 dezena por _____ unidades.

Assim, 14 unidades menos

_____ unidades são

_____ unidades.

```
   D    U
   5   14
   6̸    4̸
−  4    8
_____
   1    6
```

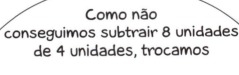

_____ dezenas menos

_____ dezenas é

_____ dezena.

Portanto, faltam 16 figurinhas.

ILUSTRAÇÕES: PAULO BORGES

Praticando

1 Márcia plantou 58 mudas de árvores em um parque. Sônia plantou 45. Quantas mudas Márcia plantou a mais que Sônia?

Márcia plantou _____ mudas a mais que Sônia.

2 Caio tinha 45 reais e gastou 22 reais na livraria. Com quantos reais ele ficou?

LIVRARIA

Caio ficou com _____ reais.

3 Calcule o resultado de cada uma das subtrações.

89 − 15 = _____

D	U
8	9
− 1	5

67 − 23 = _____

D	U

37 − 27 = _____

D	U

78 − 56 = _____

D	U

4 Efetue as operações a seguir.

a)
$$\begin{array}{r} 6\ 4 \\ -\ 4\ 1 \\ \hline \end{array}$$
$$\begin{array}{r} 2\ 3 \\ +\ 4\ 1 \\ \hline \end{array}$$

b)
$$\begin{array}{r} 7\ 6 \\ -\ 3\ 4 \\ \hline \end{array}$$
$$\begin{array}{r} 4\ 2 \\ +\ 3\ 4 \\ \hline \end{array}$$

5 Observe uma maneira de subtrair 9 de um número.

Para subtrair 9, basta tirar 10 e adicionar 1.

67 − 9 = 58, pois:
67 − 10 = 57 e
57 + 1 = 58

25 − 9 = 16, pois:
25 − 10 = 15 e
15 + 1 = 16

- Agora, calcule mentalmente e, depois, registre o resultado.

a) 33 − 9 = _____   **c)** 42 − 9 = _____   **e)** 80 − 9 = _____

b) 54 − 9 = _____   **d)** 76 − 9 = _____   **f)** 91 − 9 = _____

6 Veja a sequência de teclas que devemos apertar em uma calculadora para efetuar a operação 64 − 32.

- Calcule as subtrações e depois, com uma calculadora, confira os resultados.

a) 52 − 12 = _____

b) 27 − 25 = _____

c) 789 − 477 = _____

d) 895 − 665 = _____

6 ≡ Mais subtrações

🎓 Aprendendo

1. Duas equipes participaram de uma gincana. Veja a pontuação final delas no placar ao lado.

   Quantos pontos a equipe amarela fez a mais que a equipe verde?

Equipe amarela	122 pontos
Equipe verde	112 pontos

Para resolver o problema, precisamos calcular o resultado de 122 − 112. Veja como Iaci resolveu esse problema usando o material dourado.

Primeiro representamos o maior número usando o material dourado. Depois, retiramos as peças que representam o menor número.

Ou seja, pego 1 placa, 2 barras e 2 cubinhos para representar o número 122. Depois, retiro 1 placa, 1 barra e 2 cubinhos, que correspondem ao número 112.

Assim, a equipe amarela fez 10 pontos a mais que a equipe verde.

- Você entendeu como Iaci calculou o resultado de 122 − 112? Explique aos colegas.

1 Para calcular 235 – 117, Iaci usou o ábaco. Observe como ela fez.

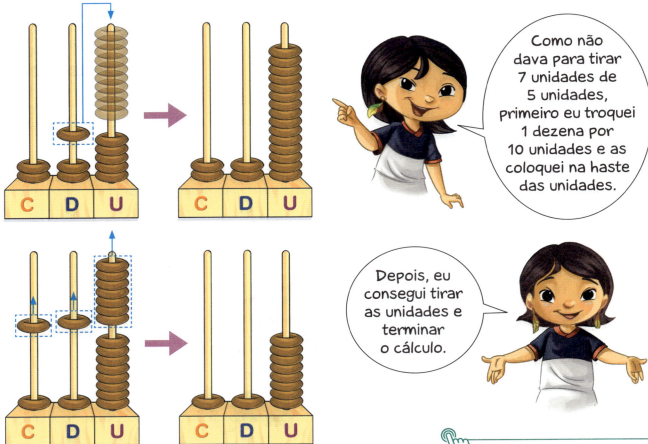

Como não dava para tirar 7 unidades de 5 unidades, primeiro eu troquei 1 dezena por 10 unidades e as coloquei na haste das unidades.

Depois, eu consegui tirar as unidades e terminar o cálculo.

Ábaco

Neste jogo, você terá de analisar as representações feitas nos ábacos e selecionar a resposta correta em cada fase.

• Agora, complete com números a subtração realizada por Iaci.

_____ – _____ = _____

Resolvendo problemas

Joana tem 27 reais e quer comprar uma casinha de bonecas. Sobrará ou faltará dinheiro para a compra da casinha? Quanto?

2 Observe o exemplo e efetue as subtrações a seguir.

Exemplo:

	D	U
	3	15
	4̶	5̶
−	1	7
	2	8

b)

	D	U
	5	2
−	2	3

d)

	D	U
	2	6
−		9

f)

	D	U
	9	0
−	2	7

a)

	D	U
	6	5
−	3	8

c)

	D	U
	7	4
−	2	9

e)

	D	U
	3	1
−	1	8

g)

	D	U
	8	3
−	7	6

3 Arme e efetue as subtrações abaixo, conforme exemplo.

Exemplo:

$54 - 19 = 35$

	4	14
	5̶	4̶
−	1	9
	3	5

b) $71 - 38 = $ _____

d) $38 - 29 = $ _____

a) $63 - 37 = $ _____

c) $50 - 34 = $ _____

e) $42 - 25 = $ _____

🎓 Aprendendo

🔹 Isabela ganhou 3 dezenas de pintinhos e 5 patinhos. Quantas aves ela ganhou ao todo?

$$30 + 5 = 35$$

$$\begin{array}{r} 3\ 0 \\ +\quad 5 \\ \hline 3\ 5 \end{array}$$

Isabela ganhou ao todo 35 aves.

🔹 Na turma de Bruno, há 25 alunos. Ontem, por causa da chuva, apenas 16 alunos estavam na sala dele. Quantos alunos faltaram?

$$25 - 16 = 9$$

$$\begin{array}{r} {\scriptstyle 1\ \ 15} \\ \cancel{2}\ 5 \\ -\ 1\ 6 \\ \hline 9 \end{array}$$

Por causa da chuva, 9 alunos faltaram.

✏️ Praticando

1 Pedro tem 18 anos, e Paula tem 6. Quantos anos Pedro é mais velho que Paula?

Pedro é _____ anos mais velho que Paula.

2 Mário tem 5 reais e quer comprar um carrinho que custa 15 reais. Quanto falta para ele poder comprar o carrinho?

Faltam _____ reais para ele poder comprar o carrinho.

3 No aquário de Iaci, havia 32 peixinhos. Ela colocou mais 12. Quantos peixinhos o aquário tem agora?

O aquário agora tem _____ peixinhos.

4 Marque com um **X** as cédulas que, juntas, somam 70 reais.

5 Mário brinca de jogar dardos. Qual foi o total de pontos feitos nessa rodada?

Mário fez um total de _____ pontos.

6 No dia de seu aniversário, Lucas ganhou 48 reais do pai e 25 reais da mãe. Quanto ele ganhou ao todo?

Lucas ganhou _____ reais ao todo.

7 Uma fábrica de roupas compra botões em caixas. Cada caixa contém 6 pacotes com 1 dezena de botões em cada um. Um funcionário percebeu que em uma das caixas faltava 1 pacote. Quantos botões havia nessa caixa?

Nessa caixa, havia _____ botões.

8 Um comerciante fez um levantamento sobre o estoque de camisetas de seu estabelecimento. Observe a tabela e complete os espaços.

Quantidade de camisetas			
Tamanho \ Cor			
P (pequeno)	10	25	32
M (médio)	28	30	20
G (grande)	41	22	23

Dados coletados pelo comerciante.

O comerciante tem:

_____ camisetas de cor vermelha; _____ camisetas de cor verde;

_____ camisetas de cor azul; _____ camisetas de tamanho M;

_____ camisetas de tamanho P; _____ camisetas de tamanho G.

Lavar as mãos

Lavar as mãos é muito importante, porque nós as utilizamos para estudar, comer, brincar etc.

A lavagem das mãos deve ser feita antes de pegar ou consumir os alimentos, depois de ir ao banheiro, depois de espirrar, tossir ou assoar o nariz, depois de brincar com o bichinho de estimação etc.

Veja como devemos lavar as mãos.

Responda.

1. Observe a foto acima; o que são esses "bichinhos" na mão?

_____

_____

2. Na hora do recreio, a turma de Jonas gastou 41 litros de água para lavar as mãos, e a turma de Cíntia gastou 29 litros. Qual foi a turma que economizou mais água para lavar as mãos? Qual foi a diferença de litros gastos pelas turmas?

_____

3. Faça uma lista de dicas para que sua turma possa economizar água na escola e em casa.

_____

_____

_____

Reprodução proibida. Art.184 do Código Penal e Lei 9.610 de 19 de fevereiro de 1998.

ANVISA

ILUSTRAÇÕES: PAULO BORGES

ILUSTRAÇÕES: PAULO BORGES

Você já imaginou como seria se não existisse o **dinheiro**? Como faríamos para **comprar**? Pois saiba que, em épocas passadas, o dinheiro não existia como atualmente.

Antigamente, as pessoas costumavam **trocar** entre si as **mercadorias** de que necessitavam.

Hoje em dia, o dinheiro é a forma de pagar por algo que compramos, de receber por algo que tenhamos vendido e pela remuneração do trabalho.

Um pouco da história do dinheiro

E como será que as pessoas faziam quando não existia o dinheiro?

Elas trocavam uma coisa que tinham por uma coisa que queriam. [...]

Com o tempo as pessoas perceberam que não precisavam levar seus produtos para trocar. Era só escolher uma coisa que representasse o valor dos produtos, como o ouro, a prata, e até o sal! [...]

Existiram outras formas curiosas de dinheiro: conchas, pedras, penas, chás, anzóis, animais (como o boi) e peles de animais, principalmente nos países frios.

As **moedas** foram inventadas porque eram fáceis de carregar, não estragavam, podiam ser guardadas e tinham seu valor reconhecido por todos. [...]

As primeiras moedas eram feitas de ouro e prata. Hoje são feitas de metais como cobre, bronze, níquel, latão e aço.

A nota de dinheiro, isto é, o papel-moeda, foi inventada na China, [...] porque era muito difícil para as pessoas carregarem um monte de moedas pesadas. [...]

Hoje, as notas têm diversos valores, formas e cores.

Cristina Von. *O dinheiro*. São Paulo: Callis, 1998.

Pesquisando e comparando preços

Antes de efetuar qualquer compra, devemos conhecer bem o produto escolhido e seu preço, verificando se estamos adquirindo um produto de boa qualidade por um preço justo. É importante observar informações como as que aparecem no produto ao lado e seu preço.

massa
marca
preço
tipo do açúcar

Refletindo

a) Como as pessoas faziam compras quando o dinheiro não existia?

_____

_____

b) O que é um produto de boa qualidade? O que é preço justo de um produto?

_____

_____

c) Por que é importante fazer uma pesquisa de preço antes de comprar um produto?

_____

_____

d) Escolhido um produto para compra, de que formas podemos efetuar o pagamento dele?

_____

_____

e) Não devemos comprar tudo o que temos vontade. O que é uma compra necessária? Explique para os colegas.

Organizar dados em tabelas

1 A escola de Iaci organizou uma excursão a um museu de brinquedos. Após o passeio, uma professora fez uma pesquisa com os alunos do 2º ano sobre o brinquedo preferido deles. Cada aluno escolheu apenas um brinquedo, e Iaci ajudou a organizar o resultado da pesquisa.

Observe.

Fiz duas tabelas, uma com a preferência das meninas e outra com a preferência dos meninos.

PAULO BORGES

Brinquedo preferido das meninas do 2º ano			
Brinquedo	Soldadinho de chumbo	Caixa de música	Marionete
Número de meninas	22	13	7

Dados obtidos pela professora, em maio de 2019.

Brinquedo preferido dos meninos do 2º ano			
Brinquedo	Soldadinho de chumbo	Caixa de música	Marionete
Número de meninos	3	17	24

Dados obtidos pela professora, em maio de 2019.

A professora observou as tabelas de Iaci e deu a ela uma sugestão.

Em vez de fazer duas tabelas, você pode reunir os dados em uma única tabela.

EDNEI MARX

- Complete a tabela abaixo de acordo com os dados das tabelas feitas por Iaci.

Brinquedo preferido dos alunos do 2º ano

Gênero	Brinquedo			Total
	Soldadinho de chumbo	Caixa de música	Marionete	
Menina	22	13		
Menino			24	44
Total	25		31	86

Dados obtidos pela professora, em maio de 2019.

2 O diretor de uma escola fez uma pesquisa com os alunos do 2º ano para escolher o tema da próxima feira cultural. Ele organizou os dados coletados em duas tabelas. Veja.

Tema preferido pelas meninas do 2º ano

Tema	Reciclagem	Animais em extinção	Cultura indígena
Número de meninas	65	20	15

Dados obtidos pelo diretor, em junho de 2019.

Tema preferido pelos meninos do 2º ano

Tema	Reciclagem	Animais em extinção	Cultura indígena
Número de meninos	30	25	45

Dados obtidos pelo diretor, em junho de 2019.

- Em seu caderno, construa uma tabela reunindo os dados das duas tabelas acima.

1 Observe as retas numéricas e complete as adições correspondentes.

a)

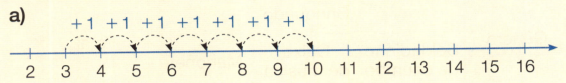

_____ + _____ = _____

b)

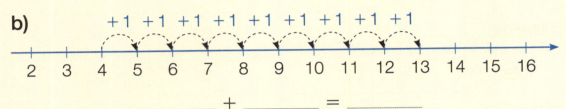

_____ + _____ = _____

2 A mãe de Mara comprou cajus e bananas. Mara contou as frutas e anotou as quantidades. Quantas frutas ela comprou ao todo?

Cajus: 2 dúzias mais 4 unidades

Bananas: 1 dúzia mais 4 unidades

A mãe de Mara comprou ao todo

_____ frutas.

3 Em cada item, escreva uma sequência com 6 números de acordo com a regra descrita em cada um.

a) Começa no número 0, e a regra é adicionar 15 unidades de cada vez.

_____

b) Começa no número 111, e a regra é adicionar 11 unidades de cada vez.

_____

4 O gráfico ao lado apresenta o resultado de uma eleição para presidente do clubinho infantil de uma escola.

Utilizando os dados do gráfico, registre as operações nos quadros de ordens e calcule:

Eleição para presidente do clubinho

Dados fornecidos pelos participantes do clubinho, em março de 2019.

a) o total de votos obtidos pelos candidatos A e B juntos;

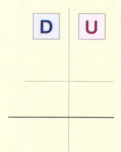

D	U

b) a diferença entre os números de votos dos candidatos B e D.

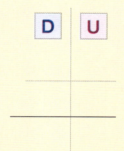

D	U

5 Izabel verificou que, na biblioteca de sua escola, há 230 livros de Geografia e 450 livros de História. Qual é o total de livros dessas duas matérias?

Há, no total, _____ livros dessas duas matérias.

6 Em uma loja, há 2 dezenas e 3 unidades de camisas e 1 dezena e 4 unidades de bermudas.

a) Há quantas camisas a mais que bermudas?

_____

b) Escreva uma subtração que represente quantas camisas há a mais que bermudas.

_____

c) Represente essa subtração na reta numérica abaixo.

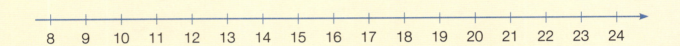

8 9 10 11 12 13 14 15 16 17 18 19 20 21 22 23 24

7 Luciano tinha 67 lápis de cor.

a) Ele deu 1 dúzia de lápis de cor à sua irmã. Use a reta numérica abaixo para descobrir com quantos lápis ele ficou.

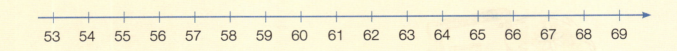

53 54 55 56 57 58 59 60 61 62 63 64 65 66 67 68 69

Luciano ficou com _____ lápis de cor.

b) Depois, ele ganhou 12 lápis de cor de sua tia. Calcule mentalmente com quantos lápis ele ficou e complete.

Luciano ficou com _____ lápis de cor.

c) Conte para os colegas e o professor a estratégia que você usou para calcular mentalmente.

8 Usando a decomposição, obtenha o resultado das subtrações conforme o exemplo e a explicação de Clarisse.

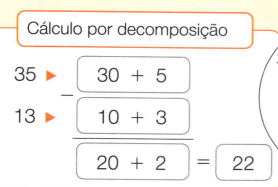

Cálculo por decomposição

35 ▶ 30 + 5
13 ▶ 10 + 3
_____
20 + 2 = 22

Primeiro decompus os números 35 e 13, separando dezenas de unidades. Depois, subtraí 3 de 5 e 10 de 30 e adicionei os resultados parciais, obtendo o resultado final. Assim: 35 − 13 = 22

JOSÉ LUIS JUHAS

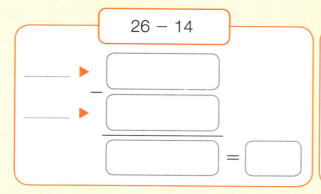

26 − 14

_____ ▶ [ ]
_____ ▶ [ ]
_____
[ ] = [ ]

45 − 22

_____ ▶ [ ]
_____ ▶ [ ]
_____
[ ] = [ ]

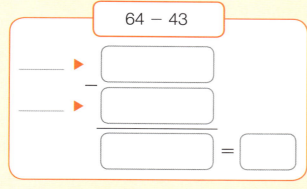

64 − 43

_____ ▶ [ ]
_____ ▶ [ ]
_____
[ ] = [ ]

56 − 36

_____ ▶ [ ]
_____ ▶ [ ]
_____
[ ] = [ ]

9 Calcule mentalmente as subtrações.

a) 34 − 14 = _____

b) 98 − 15 = _____

c) 58 − 25 = _____

d) 82 − 52 = _____

e) 42 − 21 = _____

f) 48 − 42 = _____

g) 67 − 53 = _____

h) 75 − 25 = _____

• Converse com os colegas e o professor sobre a estratégia que você utilizou ao calcular mentalmente.

10 Observe o preço dos brinquedos na prateleira de uma loja.

- Agora, faça o que se pede.

   a) Complete o enunciado do problema a seguir com base nos preços dos brinquedos acima. Depois, resolva o problema.

   Carolina pagou _____ reais por uma
   guitarra e 144 reais por um _____.
   Quanto ela gastou ao todo?

   Carolina gastou _____ reais ao todo.

   b) Elabore um problema envolvendo o preço do *videogame*. Depois, peça a um colega que o resolva.

   _____
   _____
   _____
   _____

11 Calcule mentalmente e complete a sequência abaixo.

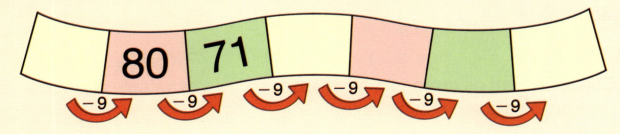

12 De acordo com a regra descrita em cada item, escreva uma sequência de 5 números.

a) Começa no número 90, e a regra é subtrair 20 unidades de cada vez.

_____

b) Começa no número 880, e a regra é subtrair 110 unidades de cada vez.

_____

13 As frases abaixo foram elaboradas para formar um problema. Veja.

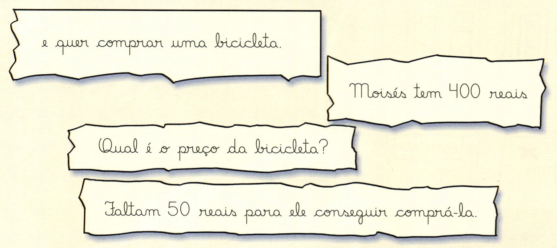

e quer comprar uma bicicleta.

Moisés tem 400 reais

Qual é o preço da bicicleta?

Faltam 50 reais para ele conseguir comprá-la.

a) Ordene as frases e escreva o problema no seu caderno.

b) Em seu caderno, resolva o problema que você escreveu no item anterior.

Desafio

Em um jogo, devemos adicionar os pontos dos dados verdes e, depois, subtrair os pontos do dado vermelho.

a) Observe os dados ao lado e descubra quantos pontos obteremos.

_____

b) Se jogarmos os dados verdes e aparecerem os pontos 3, 6 e 4, qual deverá ser o valor no dado vermelho para que o total de pontos seja igual a 8?

_____

ROBERTO WEIGAND

MERCADO

ESCOLA

HOSPITAL

PARQUINHO

MERCADO

1. Antônio observa o mapa que tem nas mãos. Ele está em frente a qual estabelecimento?

2. Como ele pode fazer para chegar ao parquinho?

Aprendendo

🔲 Observe a planta baixa de uma casa.

Nela, podemos ver uma cozinha, uma sala, um banheiro, um quarto com cama de casal, um quarto com duas camas de solteiro e uma varanda.

Praticando

1 Observe atentamente a ilustração da biblioteca em que Robério estuda. Ao lado, está sua representação em planta baixa.

Biblioteca da escola

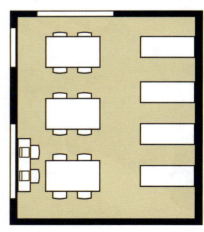

Planta baixa

- Selecione os itens abaixo que estão presentes na planta baixa da biblioteca.

☐ Mesa   ☐ Livros sobre a mesa

☐ Janela   ☐ Estante de livros

☐ Pessoa andando   ☐ Computador

☐ Porta   ☐ Cadeiras

2 Quando Bruno, Lucas e Iaci chegaram ao zoológico, receberam um mapa.

Mapa do zoológico

a) Você já foi a um zoológico?

b) Por que você acha que as crianças receberam o mapa ao chegar?

c) Descreva um caminho que Iaci pode fazer para ir da entrada do zoológico até o local onde estão as girafas.

3 Escolha algum ambiente da escola em que você estuda e, com o auxílio de uma régua, desenhe a planta baixa dele no caderno. Não se esqueça de representar portas, janelas e a mobília presentes.

🎓 Aprendendo

▪ Observe na malha quadriculada as setas verdes mostrando o caminho que o carrinho fez quando partiu do ponto vermelho para chegar ao ponto azul.

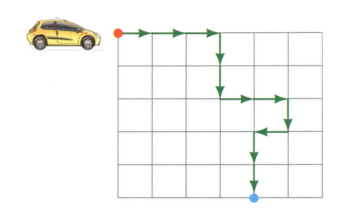

Ele saiu do ponto vermelho e chegou ao ponto azul seguindo um caminho representado pelo código ao lado.

✏️ Praticando

1 Desenhe no quadro ao lado outro código que represente um caminho para o carrinho sair do ponto vermelho e chegar ao ponto azul.

2 Desenhe na malha o caminho da formiga até o formigueiro seguindo o código abaixo.

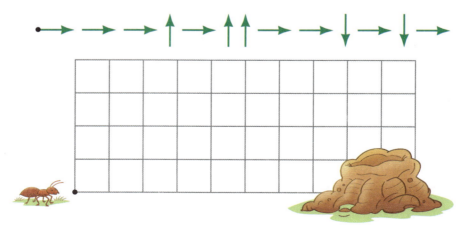

3 Observe as instruções e desenhe o restante do caminho que o pássaro deve fazer até chegar ao ninho.

Caminho do pássaro:

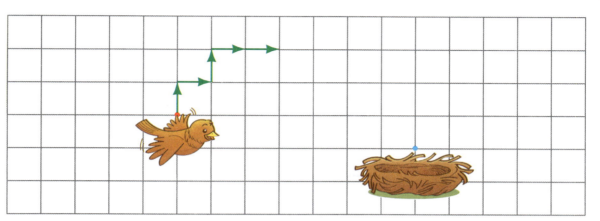

4 Trace o caminho que sai de *A* e chega a *B* de acordo com o código a seguir.

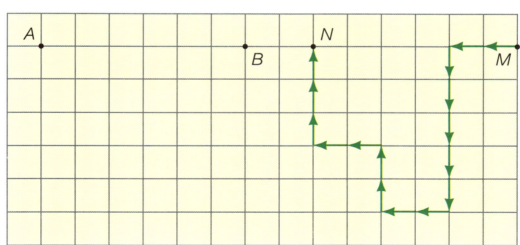

a) Complete o código que representa o caminho que sai de *M* e chega a *N*.

| 2 ← | | | | | |

b) Em duplas, comparem os códigos do caminho de *A* até *B* e do caminho de *M* até *N*. O que vocês observaram?

🎓 Aprendendo

⚶ Luciana estava no clube e decidiu ir ao mercado. Observe o caminho que ela fez.

Luciana saiu do clube e virou à direita, seguiu em frente e entrou na 1ª rua à esquerda. Seguiu em frente e virou na próxima rua à esquerda. Seguiu em frente e finalmente chegou ao mercado, virando à direita para entrar.

✏️ Praticando

1 Desenhe no mapa acima outro caminho que Luciana poderia ter feito para chegar ao mercado. Em seguida, descreva-o.

2 Reúna-se com um colega, observe o caminho que ele desenhou e descreva-o.

3 Isabela explicou para Ana como chegar à sua casa. Leia as informações e desenhe o caminho no mapa.

"Ana, saindo de sua casa, vire à direita e siga em frente. Vire na 2ª rua à direita e siga em frente. Vire na 1ª rua à esquerda e cruze uma rua. Minha casa fica um pouco mais adiante, à esquerda."

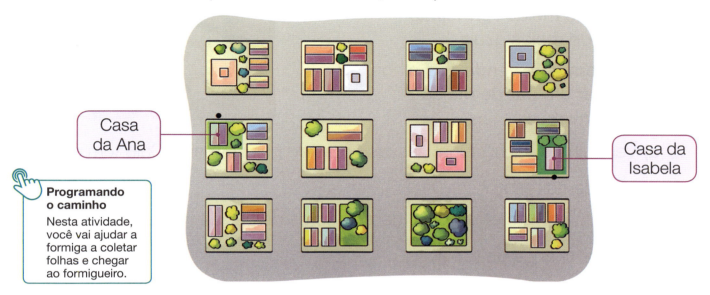

Casa da Ana

Casa da Isabela

Programando o caminho

Nesta atividade, você vai ajudar a formiga a coletar folhas e chegar ao formigueiro.

4 Observe o mapa e descreva o caminho que Mário seguiu com seu pai, saindo de casa e chegando ao parque.

Casa de Mário

Parque

_____

_____

1 Em uma gaveta foram colocados 15 pares de meias brancas, 4 pares de meias vermelhas e 1 par de meias azuis.

Caio, com uma venda nos olhos, vai retirar um par de meias dessa gaveta.

a) Vermelha ou azul? Qual dessas cores de par de meias Caio tem a maior chance de retirar? _____

b) Branca ou vermelha? Qual dessas cores de par de meias Caio tem a menor chance de retirar? _____

c) Qual cor de par de meias Caio tem a maior chance de retirar? Justifique.

d) Qual cor de par de meias Caio tem a menor chance de retirar? Justifique.

e) Qual a chance de Caio retirar um par de meias verdes? Justifique.

2 Em uma urna, há 160 bolinhas verdes, 39 bolinhas azuis e 1 bolinha branca. Ana, sem olhar, vai retirar uma bolinha dessa urna. Dependendo da cor da bolinha retirada, ela poderá ganhar um lápis, uma caixa de bombons ou uma bicicleta.

a) Ligue cada bolinha ao prêmio que você daria a Ana em cada caso.

b) Explique a um colega como você pensou para decidir o prêmio que daria a Ana em cada caso.

1 Observe a planta baixa de uma casa.

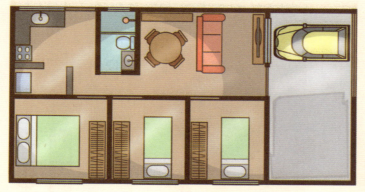

MARCO A. CORTEZ

a) Essa casa tem quantos quartos? _____

b) Essa casa tem garagem? _____

c) Qual cômodo você vê à esquerda do banheiro? _____

d) Qual móvel você vê à direita da mesa redonda da sala? _____

2 Leve Ana até a casa dela seguindo o código abaixo.

JOSÉ LUÍS JUHAS

• Qual é a cor da casa de Ana? _____

1. Cinco caixas foram colocadas sobre uma mesa. Mário observa atentamente a caixa situada à direita da caixa A e à esquerda da caixa B. Marque com um **X** a caixa que Mário observa.

2. Observe as peças no tabuleiro. Trace o caminho descrito e faça o rei chegar até a casa em que está a rainha.

- Duas casas para a direita.
- Duas casas para a frente.
- Seis casas para a esquerda.

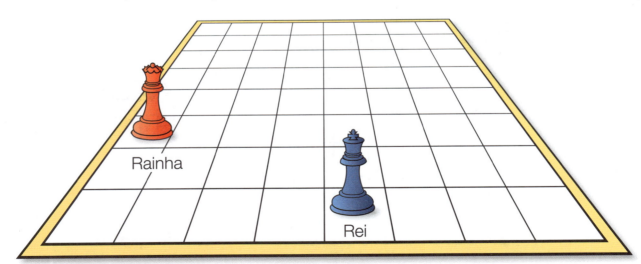

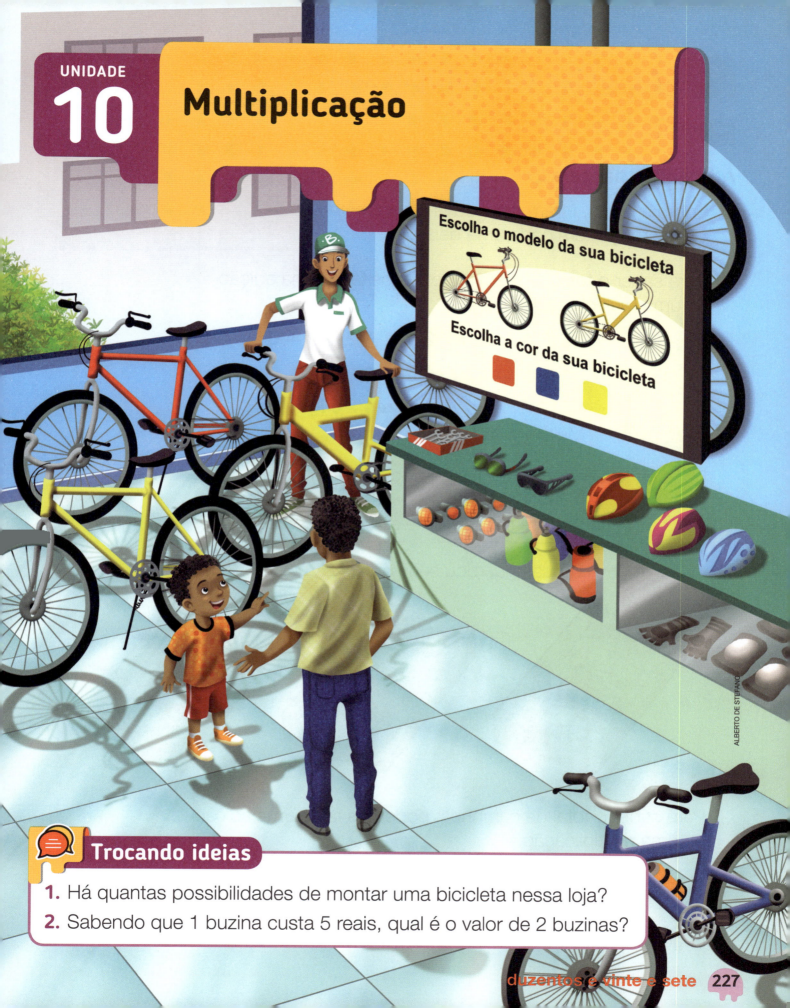

Multiplicação

Escolha o modelo da sua bicicleta

Escolha a cor da sua bicicleta

Trocando ideias

1. Há quantas possibilidades de montar uma bicicleta nessa loja?

2. Sabendo que 1 buzina custa 5 reais, qual é o valor de 2 buzinas?

 Aprendendo

Adição de parcelas iguais

Sobre a mesa, foram colocadas 4 cestas com 2 maçãs em cada uma delas.

Para saber o total de maçãs, podemos fazer uma adição ou uma multiplicação.

Adição ▶ $2 + 2 + 2 + 2 = 8$

4 grupos de 2

4 **vezes** 2 **é igual a** 8

Multiplicação ▶ $4 \quad \times \quad 2 \quad = \quad 8$

Portanto, há 8 maçãs, no total, em cima da mesa.

O sinal da multiplicação é ✗ (lemos: **vezes**).

Observe como Lucas guardou seus carrinhos usando 3 caixas.

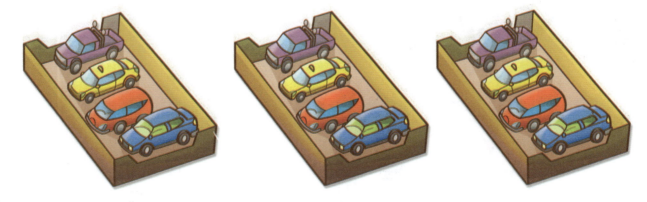

Para saber o total de carrinhos, podemos fazer uma adição ou uma multiplicação.

Adição ▶ $4 + 4 + 4 = 12$

Multiplicação ▶ $3 \quad \times \quad 4 \quad = \quad 12$

Logo, Lucas guardou 12 carrinhos ao todo.

Disposição retangular

🔹 Observe a sala de vídeo de uma escola.

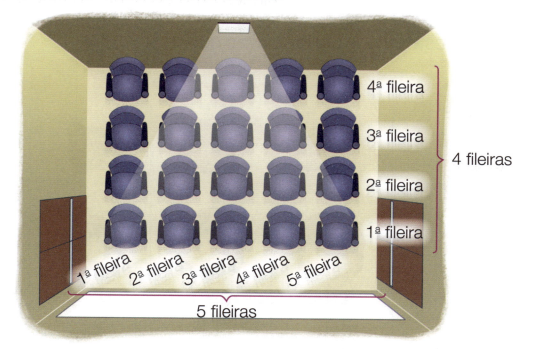

Note que, na ilustração, as poltronas foram dispostas em 4 fileiras com 5 poltronas em cada uma ou em 5 fileiras com 4 poltronas em cada uma.

Para saber o total de poltronas da sala de vídeo, podemos fazer:

4 fileiras com 5 poltronas

$$\underbrace{5 + 5 + 5 + 5}_{\text{4 grupos de 5}} = 20$$

4 vezes 5 é igual a 20

$$4 \times 5 = 20$$

ou

5 fileiras com 4 poltronas

$$\underbrace{4 + 4 + 4 + 4 + 4}_{\text{5 grupos de 4}} = 20$$

5 vezes 4 é igual a 20

$$5 \times 4 = 20$$

Portanto, temos 20 poltronas nessa sala de vídeo.

🔹 Observe a caixa de abacaxis.

Podemos encontrar o total de abacaxis da caixa fazendo:

$$2 \times 4 = 8$$ ou $$4 \times 2 = 8$$

Portanto, há 8 abacaxis na caixa.

Combinação de possibilidades

1 Iaci tem de escolher entre 2 cachecóis (branco e vermelho) e 3 toucas (vinho, roxa e marrom) para usar. Veja de quantas maneiras diferentes ela poderá usar os cachecóis e as toucas que tem.

Combinação de cachecóis e toucas

Podemos calcular o total de maneiras diferentes de ela usar seus cachecóis e toucas fazendo:

$$2 \times 3 = 6 \text{ ou } 3 \times 2 = 6$$

Portanto, Iaci pode usar seus cachecóis e toucas de 6 maneiras diferentes.

2 Iaci comprou mais dois cachecóis: um cinza e um preto.

Agora, tenho 4 cachecóis (branco, vermelho, cinza e preto) e 3 toucas (vinho, roxa e marrom).

Multiplicação
Nesta animação, você vai ver alguns exemplos de multiplicação.

Veja, agora, como calcular o total de maneiras diferentes de ela usar seus cachecóis e toucas:

$4 \times 3 = 12 \text{ ou } 3 \times 4 = 12$

Portanto, Iaci pode usar seus cachecóis e toucas de 12 maneiras diferentes.

Proporcionalidade

🔹 Bruno foi a uma banca comprar pacotinhos de figurinhas. Cada pacotinho custa 2 reais.

Preço dos pacotinhos de figurinhas	
Número de pacotinhos	Preço (em real)
1	2
2	4
3	6
4	8
5	10

Se Bruno comprar 5 pacotinhos, pagará 10 reais:

$$5 \times 2 = 10$$

Se Bruno comprar 6 pacotinhos, pagará 12 reais:

$$6 \times 2 = 12$$

Se Bruno comprar 10 pacotinhos, pagará 20 reais:

$$10 \times 2 = 20$$

Observe que os números da coluna dos preços formam uma sequência: o termo seguinte é sempre o anterior adicionado com 2.

Observação

Aprenda o nome dos **termos** da multiplicação!

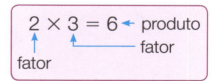

$2 \times 3 = 6$ ← produto
fator
fator

3 ← fator
× 2 ← fator
6 ← produto

Os **fatores** são os números que se multiplicam.

O **produto** é o resultado da multiplicação.

Praticando

1 Observe as figuras e resolva as adições e multiplicações.

a)

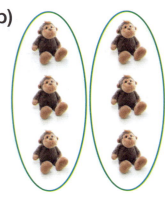

$2 + 2 =$ _____ ou

$2 \times 2 =$ _____

b)

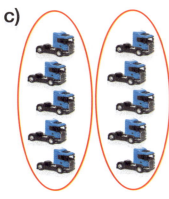

$3 + 3 =$ _____ ou

$2 \times 3 =$ _____

c)

$5 + 5 =$ _____ ou

$2 \times 5 =$ _____

2 Observe os grupos formados e complete as multiplicações.

a)

$4 + 4 + 4 = 12$ ou $3 \times 4 =$ _____

b)

$7 + 7 + 7 + 7 = 28$ ou _____ $\times$ _____ $=$ _____

3 Observe as figuras e complete.

a) São _____ prateleiras. Em cada

prateleira, há _____ vasos com plantas.

_____ + _____ = _____

ou

_____ × _____ = _____

No total, há _____ vasos com plantas.

b) Há _____ cachos de bananas.

Em cada cacho, há _____ bananas.

_____ + _____ = _____

ou

_____ × _____ = _____

No total, há _____ bananas.

4 Para cobrir uma parede, foram usadas algumas fileiras de ladrilhos. Observe e faça o que se pede.

a) Quantos ladrilhos foram usados, ao todo, para cobrir essa parede?

_____

b) Registre como você pensou para descobrir a quantidade de ladrilhos.

_____

5 Uma doceria oferece 3 tipos de suco (acerola, cajá e uva) e 3 tipos de sobremesa (salada de frutas, brigadeiro e pudim). Maria escolheu 1 suco e 1 sobremesa nessa doceria. De quantas maneiras diferentes ela pode lanchar? Preencha o quadro para responder.

Maneiras que Maria pode lanchar			
Sucos / Sobremesas	🥤	🥤	🥤
🍨			
🧁			
🍮			

Maria pode lanchar de _____ maneiras diferentes.

6 Observe o modo de preparo descrito no rótulo da garrafa de suco concentrado de uva.

Considerando o modo de preparo que está no rótulo da embalagem, quantos copos de refresco de uva é possível fazer com 6 copos de suco concentrado? Calcule e complete.

É possível fazer _____ copos de refresco de uva.

7 Bruno tem 3 chaveiros. Em cada chaveiro ele colocou 6 chaves. Calcule mentalmente quantas chaves, ao todo, Bruno colocou em seus chaveiros. Depois, complete.

Ao todo, Bruno colocou ＿＿＿＿＿ chaves em seus chaveiros.

8 Leia o problema abaixo.

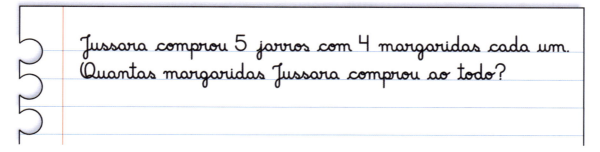

Jussara comprou 5 jarros com 4 margaridas cada um. Quantas margaridas Jussara comprou ao todo?

Agora, marque um **X** na ilustração que você utilizaria para representar esse problema.

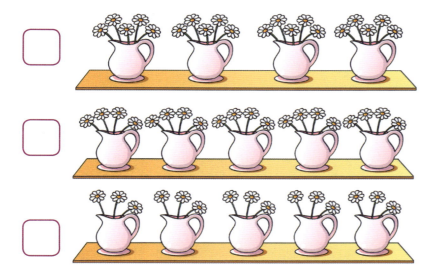

9 Em seu caderno, elabore um problema com ilustração cuja resposta se obtém fazendo 2 + 2 + 2 = 6 ou a multiplicação 3 × 2 = 6. Depois, peça a um colega que o resolva.

10 Joana tem 4 cédulas de 5 reais. Quantos reais Joana tem no total?

Joana tem ＿＿＿＿＿ reais no total.

🎓 Aprendendo

1 Observe as quantidades e complete os espaços.

 $2 \times 1 = 1 + 1 = 2$

 $2 \times 2 = 2 + 2 = 4$

 $2 \times 3 = 3 + 3 = 6$

 $2 \times 4 = $ _____ $+$ _____ $=$ _____

 $2 \times 5 = $ _____ $+$ _____ $=$ _____

 $2 \times 6 = $ _____ $+$ _____ $=$ _____

 $2 \times 7 = $ _____ $+$ _____ $=$ _____

 $2 \times 8 = $ _____ $+$ _____ $=$ _____

 $2 \times 9 = $ _____ $+$ _____ $=$ 18

$2 \times 10 = $ _____ $+$ 10 $=$ 20

ILUSTRAÇÕES: ADILSON SECCO

Praticando

1 Complete a sequência numérica sabendo que a regra é sempre adicionar 2 unidades.

2   4   ☐   8   ☐   ☐   14   ☐   ☐   20

2 Calcule mentalmente as multiplicações e complete.

a) $2 \times 3 =$ _____   **c)** $2 \times 6 =$ _____

b) $2 \times 9 =$ _____   **d)** $2 \times 5 =$ _____

3 Em um estojo há 8 canetas. Quantas canetas há em 2 estojos iguais a esse? Registre como você pensou.

Há _____ canetas.

4 Em uma bandeja há 7 biscoitos. Quantos biscoitos há em 2 bandejas iguais a essa?

Há _____ biscoitos.

5 Complete a segunda linha do quadro com o resultado das operações da primeira linha. Depois, multiplique os resultados que você obteve por 10 e complete a terceira linha do quadro.

1×2	2×2	3×2	4×2	8×2	5×2
2					
20					

$\times 10$

🎓 Aprendendo

1 Observe os carrinhos de Mário e de Bruno.

Bruno tem o **dobro** do número de carrinhos de Mário.

Mário tem 2 carrinhos.

Bruno tem 4 carrinhos.

> Para determinar o **dobro** de um número, multiplicamos esse número por 2.

O dobro de 2 é 4, pois $2 \times 2 = 4$.

Veja outros exemplos.

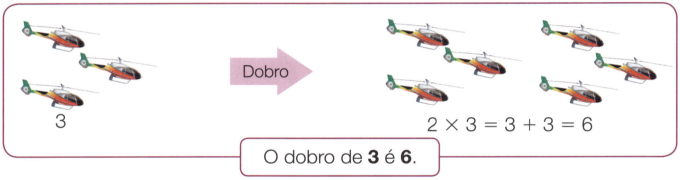

Dobro

3

$2 \times 3 = 3 + 3 = 6$

O dobro de **3** é **6**.

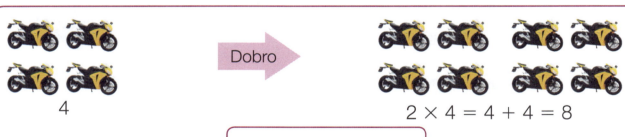

Dobro

4

$2 \times 4 = 4 + 4 = 8$

O dobro de **4** é **8**.

Dobro

5

$2 \times 5 = 5 + 5 = 10$

O dobro de **5** é **10**.

Praticando

1 Em cada item, complete os quadros com desenhos de cédulas de dinheiro, em real, e escreva a quantia correspondente.

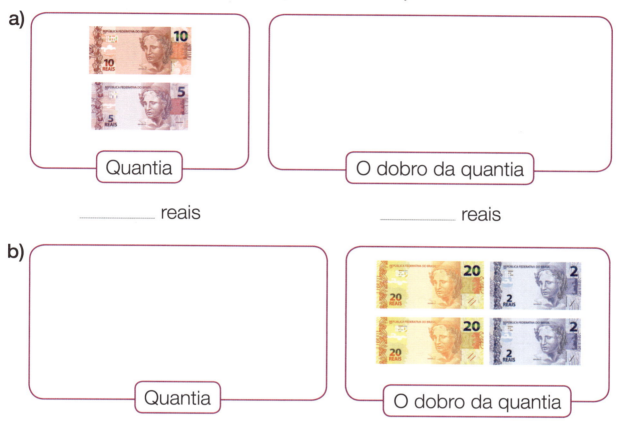

a)

Quantia

_____ reais

O dobro da quantia

_____ reais

b)

Quantia

_____ reais

O dobro da quantia

_____ reais

BANCO CENTRAL DO BRASIL

2 Ligue uma bolinha laranja a uma bolinha azul de modo que cada número da bolinha laranja seja ligado ao seu dobro.

3 Ana tem 6 ursinhos. Isabela tem o dobro dessa quantidade. Calcule mentalmente a quantidade de ursinhos de Isabela. Depois, complete.

Isabela tem _____ ursinhos.

PAULO BORGES

4 Tabuada do 3

🎓 Aprendendo

1 Observe as ilustrações e complete os espaços.

 $3 \times 1 = 1 + 1 + 1 = 3$

 $3 \times 2 = 2 + 2 + 2 = 6$

 $3 \times 3 = 3 + 3 + 3 = \underline{\hspace{2cm}}$

 $3 \times 4 = 4 + 4 + 4 = \underline{\hspace{2cm}}$

 $3 \times 5 = \underline{\hspace{1.5cm}} + \underline{\hspace{1.5cm}} + \underline{\hspace{1.5cm}} = 15$

 $3 \times 6 = \underline{\hspace{1.5cm}} + \underline{\hspace{1.5cm}} + \underline{\hspace{1.5cm}} = 18$

 $3 \times 7 = \underline{\hspace{1.5cm}} + \underline{\hspace{1.5cm}} + \underline{\hspace{1.5cm}} = \underline{\hspace{1.5cm}}$

$3 \times 8 = \underline{\hspace{1.5cm}} + \underline{\hspace{1.5cm}} + \underline{\hspace{1.5cm}} = \underline{\hspace{1.5cm}}$

 $3 \times 9 = \underline{\hspace{1.5cm}} + \underline{\hspace{1.5cm}} + \underline{\hspace{1.5cm}} = \underline{\hspace{1.5cm}}$

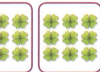 $3 \times 10 = \underline{\hspace{1.5cm}} + \underline{\hspace{1.5cm}} + \underline{\hspace{1.5cm}} = \underline{\hspace{1.5cm}}$

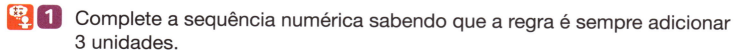

1 Complete a sequência numérica sabendo que a regra é sempre adicionar 3 unidades.

| 3 | 6 | | | 15 | | | 24 | | 30 |

2 Para determinar o valor de 3 × 5, Lisandra pintou os quadrinhos e depois contou os quadrinhos coloridos.

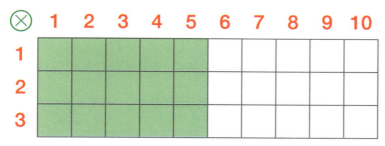

$3 \times 5 = 15$

• Faça o mesmo e calcule 3 × 8.

$3 \times 8 =$ _____

3 Lucas comprou 3 livros. Cada um deles custou 9 reais. Calcule mentalmente o preço total desses 3 livros. _____

4 Mário comprou 3 embalagens iguais de garrafas de suco. Sabendo que, no total, foram compradas 18 garrafas de suco, quantas garrafas de suco havia em cada embalagem?

Havia _____ garrafas de suco em cada embalagem.

5 O triplo

Aprendendo

1 Observe os bloquinhos de Isabela e os de Iaci.

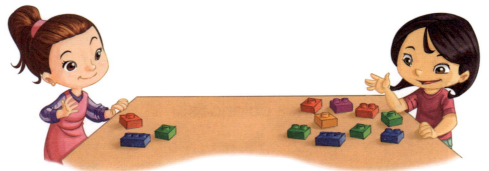

Isabela tem 3 bloquinhos.   Iaci tem 9 bloquinhos.

Iaci tem o **triplo** da quantidade de bloquinhos de Isabela.

> Para determinar o **triplo** de um número, multiplicamos esse número por 3.

O triplo de 3 é 9, pois: $3 \times 3 = 9$

Veja outros exemplos.

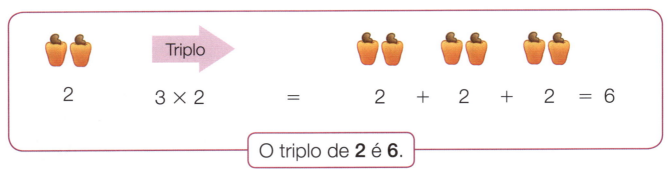

O triplo de **2** é **6**.

O triplo de **4** é **12**.

1 Observe as fotos e complete.

Há _____ bicicletas.

Em cada bicicleta, há _____ rodas.

_____ + _____ + _____ = _____ ou _____ × _____ = _____

Ao todo, são _____ rodas.

 2 Ligue cada número do lado esquerdo com a frase correspondente do lado direito.

24 •   • É o triplo de 5.

27 •   • É o triplo de 8.

15 •   • É o triplo de 9.

3 Júlia tem 10 anos. Seu pai tem o triplo da idade dela. Calcule mentalmente a idade do pai de Júlia e complete. Depois, converse com um colega como você pensou.

O pai de Júlia tem _____ anos.

Aprendendo

Observe as ilustrações a seguir e complete os espaços.

     4 × 1 = 1 + 1 + 1 + 1 = 4

     4 × 2 = 2 + 2 + 2 + 2 = 8

4 × 3 = 3 + 3 + 3 + 3 = _____

4 × 4 = 4 + 4 + 4 + 4 = _____

 4 × 5 = _____ + _____ + _____ + _____ = 20

 4 × 6 = _____ + _____ + _____ + _____ = 24

    4 × 7 = _____ + _____ + _____ + _____ = _____

4 × 8 = _____ + _____ + _____ + _____ = _____

 4 × 9 = _____ + _____ + _____ + _____ = _____

 4 × 10 = _____ + _____ + _____ + _____ = 40

1 Complete a sequência numérica sabendo que a regra é sempre adicionar 4 unidades.

4 | 8 | | | | | 28 | | | 40

2 Pinte os quadrinhos de acordo com a multiplicação indicada e depois complete as frases.

a) 4 × 7

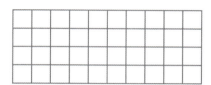

Foram pintados _____ quadrinhos.

b) 4 × 9

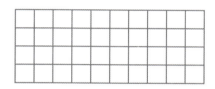

Foram pintados _____ quadrinhos.

3 O prédio em que Alexandre mora tem 4 andares, com 5 apartamentos em cada andar. Quantos apartamentos há no prédio?

No prédio há _____ apartamentos.

4 Escreva uma multiplicação que represente o total de balões.

_____

PIQ3/SHUTTERSTOCK

🎓 Aprendendo

🔳 Observe as ilustrações e complete os espaços.

$5 \times 1 = 1 + 1 + 1 + 1 + 1 = 5$

$5 \times 2 = 2 + 2 + 2 + 2 + 2 = 10$

$5 \times 3 =$

$= 3 + 3 + 3 + 3 + 3 = \underline{\quad}$

$5 \times 4 =$

$= 4 + 4 + 4 + 4 + 4 = \underline{\quad}$

$5 \times 5 =$

$= \underline{\quad} + \underline{\quad} + \underline{\quad} + \underline{\quad} + \underline{\quad} = 25$

$5 \times 6 =$

$= \underline{\quad} + \underline{\quad} + \underline{\quad} + \underline{\quad} + \underline{\quad} = 30$

$5 \times 7 =$

$= \underline{\quad} + \underline{\quad} + \underline{\quad} + \underline{\quad} + \underline{\quad} = \underline{\quad}$

$5 \times 8 =$

$= \underline{\quad} + \underline{\quad} + \underline{\quad} + \underline{\quad} + \underline{\quad} = \underline{\quad}$

$5 \times 9 =$

$= \underline{\quad} + \underline{\quad} + \underline{\quad} + \underline{\quad} + \underline{\quad} = \underline{\quad}$

$5 \times 10 =$

$= \underline{\quad} + \underline{\quad} + \underline{\quad} + \underline{\quad} + \underline{\quad} = \underline{\quad}$

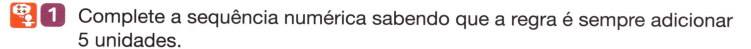

Praticando

1 Complete a sequência numérica sabendo que a regra é sempre adicionar 5 unidades.

5   10   15   ☐   ☐   ☐   ☐   ☐   ☐   50

2 Observe o que Ana está falando.

Você sabe o que acontece quando multiplicamos um número pelo número zero?

Veja este exemplo:
$3 \times 0 = 0 + 0 + 0 = 0$

PAULO BORGES

- Agora, calcule mentalmente e escreva o resultado de cada multiplicação a seguir.

a) $2 \times 0 = $ _____   **b)** $4 \times 0 = $ _____   **c)** $5 \times 0 = $ _____

3 Em um jardim havia 5 dezenas de flores. O jardineiro plantou mais 25 flores. Com quantas flores ficou o jardim?

Multiplicação
Nesta atividade, você terá de resolver alguns desafios que envolvem multiplicação.

O jardim ficou com _____ flores.

4 Descubra o número para cada dica.

a) 5 vezes um número é igual a 30. Esse número é _____.

b) 5 vezes um número é igual ao dobro de 10. Esse número é _____.

Construir e interpretar gráficos de barras horizontais

1 Um funcionário de uma loja de brinquedos registrou, em uma ficha, uma "bolinha" para cada unidade vendida de determinadas mercadorias em um dia. Veja.

a) Complete o **gráfico de barras horizontais** a seguir de acordo com os registros feitos pelo funcionário.

Brinquedos vendidos em um dia

Dados obtidos pelo funcionário da loja Mania de Brincar, em 12 set. 2019.

b) Qual foi o brinquedo mais vendido nesse dia? _____

c) Escreva em ordem crescente o número de brinquedos vendidos de cada tipo. _____

d) Qual é a diferença entre a quantidade de piões vendidos e a de bolas?

_____

e) Quantos brinquedos, ao todo, foram vendidos nesse dia?

_____

2 Os parques de uma cidade foram arborizados. Observe no gráfico de barras horizontais abaixo o número de mudas que foram plantadas em cada um deles.

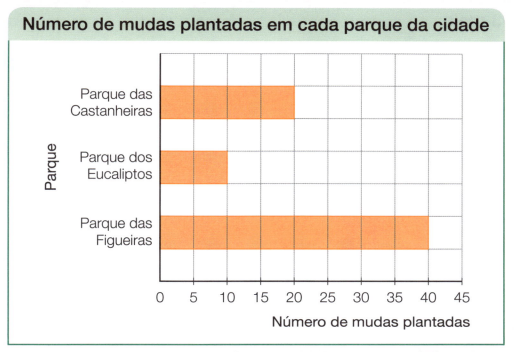

Dados obtidos pela prefeitura da cidade, em 20 ago. 2019.

a) Quantas mudas foram plantadas no parque dos Eucaliptos?

_____

b) Em qual parque foi plantado o maior número de mudas?

_____

c) No parque das Figueiras foram plantadas quantas mudas a mais que no parque dos Eucaliptos?

_____

d) Em que parque foi plantado o dobro do número de mudas plantadas no parque dos Eucaliptos?

_____

e) Você conhece algum parque da sua cidade que é muito arborizado? Registre e, depois, converse com os colegas sobre esse assunto.

_____

ADILSON SECCO

1 Márcia foi ao mercado comprar pacotes de biscoitos. Cada pacote custa 3 reais.

a) Complete o quadro abaixo com os preços que faltam.

Preço dos pacotes de biscoitos	
Número de pacotes	Preço
1	3 reais
2	6 reais
3	9 reais
4	
5	

b) De quantos reais Márcia precisará para comprar 5 pacotes de biscoitos?

2 Cerque com uma linha as cédulas que, juntas, correspondem ao dobro da quantia, em cada caso.

a)

Quantia

b)

Quantia

3 Observe as ilustrações e responda.

a) Quantos cajus há ao todo?

Há _____ cajus ao todo.

b) Quantos cubos de gelo há ao todo?

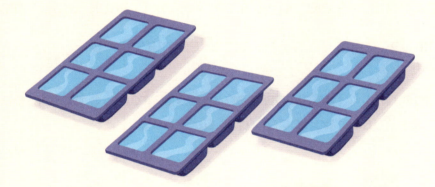

Há _____ cubos de gelo ao todo.

4 Marque com um **X** as cédulas que, juntas, correspondem ao triplo da quantia, em cada caso.

a)

b)

5 Mário tem de escolher entre 2 bermudas e 4 camisetas.

- • De quantas maneiras diferentes ele poderá se vestir? Calcule e complete.

  Mário poderá se vestir de _____ maneiras diferentes.

6 Vítor trocou os parafusos das 4 rodas do carro. Cada roda é fixada por 5 parafusos. Quantos parafusos ao todo Vítor utilizou?

Vítor utilizou ao todo _____ parafusos.

7 Luísa comprou 4 livros. Cada um deles custou 8 reais. Calcule mentalmente o preço total desses 4 livros e, depois, registre o resultado.

8 A calculadora de Bruno está com a tecla ⊗ quebrada.
Observe as teclas que ele apertou para descobrir
o resultado de 5 × 7.

a) Depois que ele apertou as teclas, qual número apareceu no visor

da calculadora? _____

b) O procedimento de Bruno está correto? _____

c) Você faria de outra maneira? Explique.

 Desafio

Observe as compras feitas por Liana e complete.

12 embalagens
de gelatina

4 embalagens
de manteiga

3 embalagens
de achocolatado

6 embalagens
de maionese

a) O número de embalagens de maionese é o dobro do

número de embalagens de _____.

b) O número de embalagens de _____ é o triplo

do número de embalagens de _____.

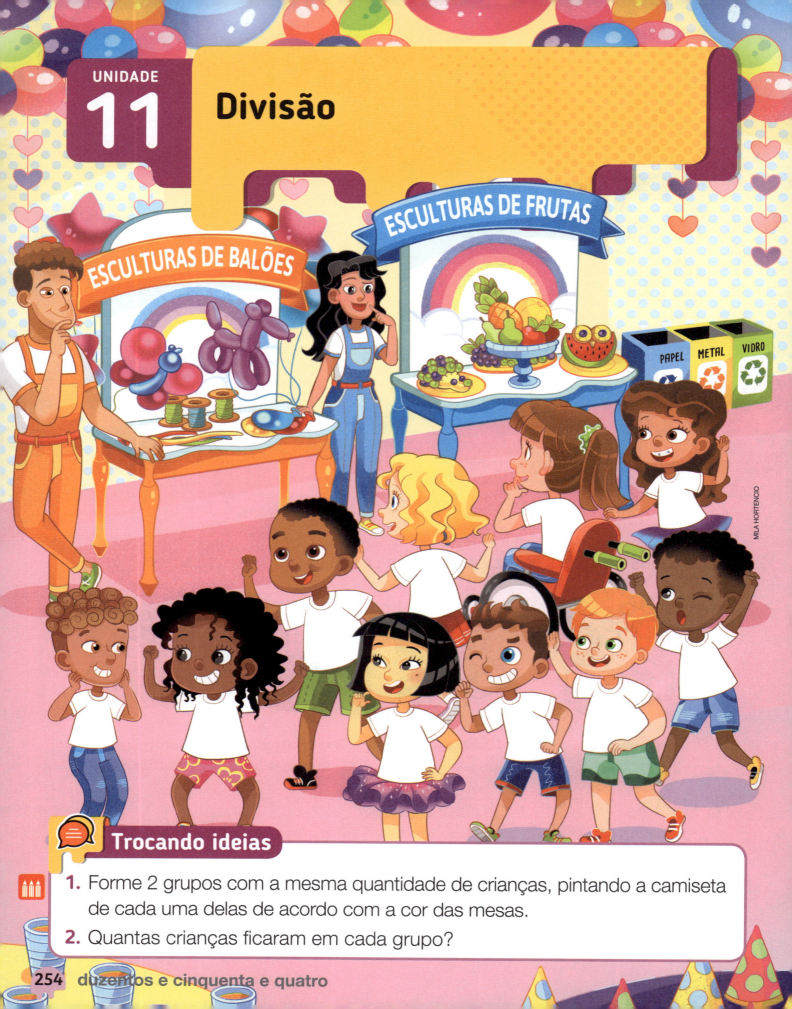

Divisão

ESCULTURAS DE BALÕES

ESCULTURAS DE FRUTAS

PAPEL   METAL   VIDRO

MILA HORTENCIO

Trocando ideias

1. Forme 2 grupos com a mesma quantidade de crianças, pintando a camiseta de cada uma delas de acordo com a cor das mesas.

2. Quantas crianças ficaram em cada grupo?

1 As ideias da divisão

🎓 Aprendendo

Dividir igualmente

🔲 Tia Mônica dividiu, igualmente, 6 ursos de pelúcia entre suas sobrinhas Juliana e Viviane.

Primeiro, eu dei 1 urso a Juliana e 1 urso a Viviane, e restaram __4__ ursos.

Depois, dei mais 1 urso a cada uma e restaram __2__ ursos.

Por fim, dei mais 1 urso a cada uma e não restou nenhum urso.

Veja como é possível saber quantos ursos de pelúcia cada sobrinha ganhou.

Podemos representar essa situação com uma divisão:

Também podemos usar o símbolo **:** para indicar uma divisão.

Divisão ▶ 6 ÷ 2 = 3

6 **dividido** por 2 **é igual a** 3

> Para indicar uma divisão, utilizamos o sinal ÷ (lemos: **dividido**).

ou

CLAUDIO CHIYO

PAULO BORGES

Veja outros exemplos.

$$10 \div 2 = 5$$

$$9 \div 3 = 3$$

Quantas vezes uma quantidade cabe em outra

1 Lúcia faz bolos para vender. Para preparar um bolo de laranja, ela precisa de 3 laranjas. Observe que ela tem 15 laranjas.

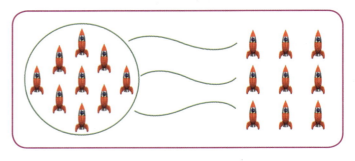

- Quantos bolos Lúcia poderá preparar usando todas essas laranjas?

Para saber quantos bolos ela poderá preparar, separamos as laranjas de 3 em 3 e verificamos quantos grupos de 3 cabem em 15.

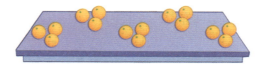

Podem ser formados 5 grupos com 3 laranjas em cada um.

> 15 dividido por 3 é igual a 5
>
> 15   ÷   3   =   5

Portanto, com ___15___ laranjas, Lúcia poderá preparar _____ bolos, utilizando _____ laranjas em cada um.

1 Vamos separar os objetos em quantidades iguais. Em cada caso, desenhe os objetos na quantidade correta nos quadros à direita. Em seguida, complete as operações.

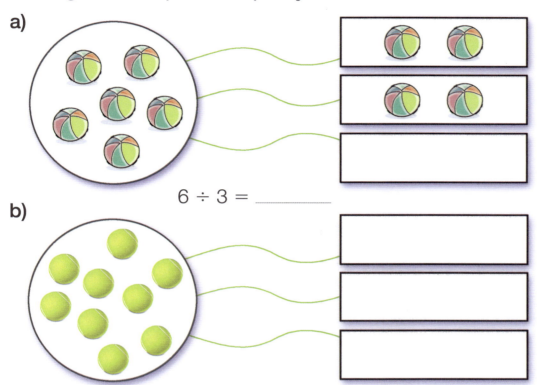

a)

$6 \div 3 =$ _____

b)

$9 \div 3 =$ _____

2 Renato tem 6 carrinhos. Com uma linha, cerque-os em grupos de 2.

- Agora, responda: quantos grupos de 2 carrinhos foram formados?

_____ $\div$ _____ = _____

Foram formados _____ grupos de 2 carrinhos.

CARRO AZUL: SOUNDSNAPS/SHUTTERSTOCK; CARRO VERMELHO: FOTOCRISIS/SHUTTERSTOCK; CARRO AMARELO: FCKNCG/SHUTTERSTOCK; CARRO ESPORTIVO AZUL: CHARLES TAYLOR/SHUTTERSTOCK; CARRO ESPORTIVO VERMELHO: EVANGELOS/SHUTTERSTOCK; CAMINHONETE: DIGITAL SUDIO 2 S.L.

ILUSTRAÇÕES: JOSÉ LUIS JUHAS

3 Em cada item, cerque com uma linha grupos de 2 figuras. Depois, determine quantos grupos de 2 podem ser formados e registre o resultado das operações.

a)

$8 \div 2 =$ _____

c)

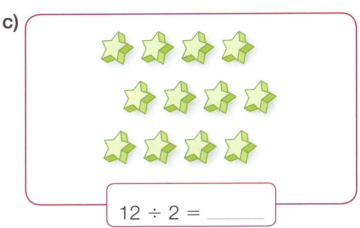

$12 \div 2 =$ _____

b)

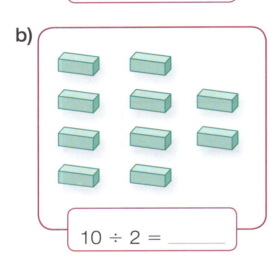

$10 \div 2 =$ _____

d)

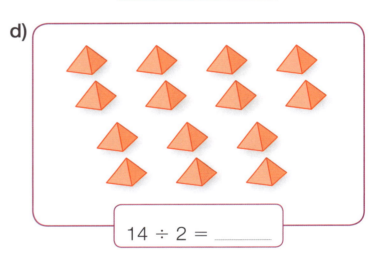

$14 \div 2 =$ _____

4 Observe as figurinhas que Ícaro tem.

a) Ícaro quer dividir suas figurinhas igualmente entre ele e um amigo. Com quantas figurinhas cada um ficará? _____

b) Se Ícaro dividisse suas figurinhas igualmente entre ele e 2 amigos, quantas figurinhas ele daria a cada um? _____

5 Em cada situação, cerque com uma linha as figuras de 3 em 3. Depois, determine quantos grupos de 3 podem ser formados e registre o resultado das operações.

a)

3 ÷ 3 = _____

c)

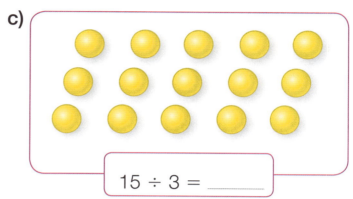

15 ÷ 3 = _____

b)

12 ÷ 3 = _____

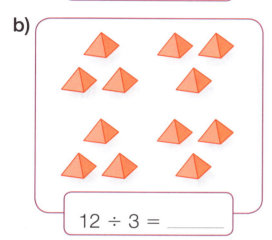

d)

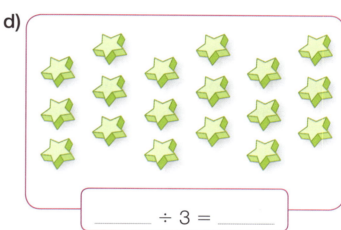

_____ ÷ 3 = _____

6 Complete o enunciado do problema com as palavras e os números dos quadros abaixo. Depois, resolva-o.

| neto | 3 | canetas | 21 |

Paulo dividiu _____ canetas de sua coleção igualmente

entre seus _____ netos. Com quantas _____

cada _____ ficou?

ILUSTRAÇÕES: ADILSON SECCO

EDNEI MARX

7 Para fazer uma divisão com a calculadora, usamos a tecla . Veja a sequência de teclas que devemos apertar em uma calculadora para calcular 27 ÷ 3.

$$\boxed{2} \quad \boxed{7} \quad \boxed{÷} \quad \boxed{3} \quad \boxed{=} \quad \boxed{9}$$

- Agora, com uma calculadora, encontre o resultado das operações.

a) 20 ÷ 2 = _____

c) 21 ÷ 3 = _____

b) 30 ÷ 3 = _____

d) 24 ÷ 3 = _____

8 Organize as maçãs em grupos e ligue-os às cestas de modo que cada cesta fique com a mesma quantidade de maçãs. Depois, efetue a divisão que representa o número de maçãs em cada cesta.

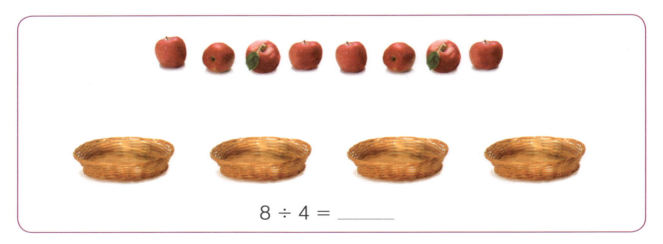

8 ÷ 4 = _____

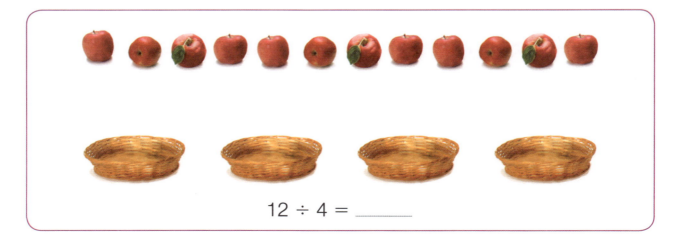

12 ÷ 4 = _____

9 Em cada situação, cerque com uma linha os elementos de 5 em 5. Depois, determine quantos grupos de 5 podem ser formados e registre o resultado das divisões.

a)

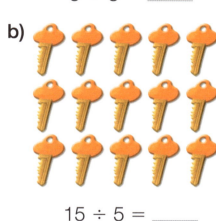

5 ÷ 5 = _____

c)

10 ÷ 5 = _____

b)

15 ÷ 5 = _____

d)

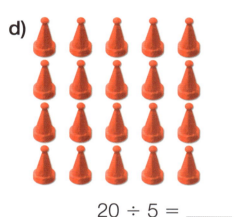

20 ÷ 5 = _____

 10 Com uma calculadora, aperte as sequências de teclas abaixo e, depois, complete com o número que aparecerá no visor.

| 1 | 8 | ÷ | 3 | ÷ | 3 | = | [_____] |

| 1 | 8 | ÷ | 9 | = | [_____] |

a) O que você percebeu? Converse com os colegas.

b) Agora, observe.

| 2 | 4 | ÷ | 2 | ÷ | 2 | ÷ | 2 | = |

| 2 | 4 | ÷ | ? | = | [3] |

• Que tecla da calculadora devemos apertar no lugar de (**?**) para obter o resultado apresentado? _____

11 Pinte os quadrinhos a seguir usando 4 cores diferentes. A quantidade de quadrinhos de cada cor deve ser igual.

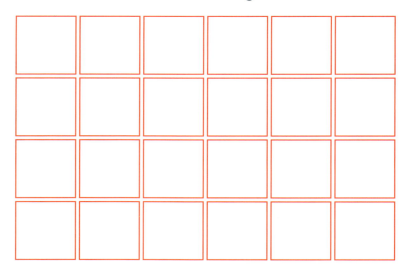

- Agora, faça o que se pede.

a) Temos quantos quadrinhos de cada cor? _____

b) Represente com uma divisão a quantidade de quadrinhos de cada cor que foram obtidos. _____

12 Júlia comprou presilhas para o cabelo. Veja todas as presilhas que ela comprou. Depois, faça o que se pede.

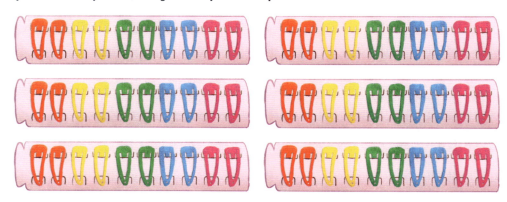

a) Quantas presilhas de cabelo Júlia comprou? _____

b) Júlia quer fazer pacotes com 3 presilhas em cada um.

- Quantos desses pacotes ela conseguirá fazer? _____

- Escreva a divisão que representa essa situação.

_____

2 Metade

🎓 Aprendendo

⌐ Mário dará a metade dos seus 10 carrinhos a Bruno.

> Para determinar a **metade** de um número, dividimos esse número por 2.

A metade de 10 é 5, pois:

$$10 \div 2 = 5$$

Mário dará 5 carrinhos a Bruno.

PAULO BORGES

✏️ Praticando

1 Leia novamente o texto acima e pinte os carrinhos que você acha que Mário deu a Bruno.

ILUSTRAÇÕES: JOSÉ LUÍS JUHAS

2 Um balde tinha 4 litros de água. João usou a metade da metade dessa água. Quantos litros de água ele usou?

3 Roberta está fazendo vitamina de frutas para 4 pessoas. Veja a receita.

Vitamina de frutas

Ingredientes:

  8 laranjas
  6 limões
  4 copos de água
  2 colheres de mel
10 colheres de leite
     condensado

Modo de preparo:

Colocar todos os ingredientes no liquidificador e bater bem. Depois é só servir.

Escreva nos espaços abaixo a quantidade de ingredientes que Roberta vai usar se fizer a metade dessa receita.

_____ laranjas

_____ limões

_____ copos de água

_____ colher de mel

_____ colheres de leite condensado

4 Complete.

a) 2 é a metade de _____.

b) 3 é a metade de _____.

c) 6 é a metade de _____.

d) 8 é a metade de _____.

 5 Invente um problema em que seja necessário descobrir a metade de uma quantidade. Depois, peça a um colega que o resolva.

_____

_____

3 Dúzia e meia dúzia

Aprendendo

Lucas comprou uma dúzia de ovos.

> **Uma dúzia** são **12** unidades.

Iaci comprou meia dúzia de laranjas.

> **Meia dúzia** são **6** unidades.

Praticando

1 Pinte as figuras na quantidade solicitada em cada caso a seguir.

a) Uma dúzia de lápis

b) Meia dúzia de bananas

c) Meia dúzia de cajus

2 Observe as figuras e complete as frases com **meia dúzia** ou **uma dúzia**.

Iaci brinca com _____
de peças com formato de cubo.

Nessa penca há _____
de bananas.

3 Complete os espaços a seguir com os números correspondentes.

a) Meia dúzia de morangos são _____ morangos.

b) Uma dúzia de abacates são _____ abacates.

c) Meia dúzia de botões são _____ botões.

d) Uma dúzia de rosas são _____ rosas.

4 Cristina usou meia dúzia de bananas, 1 dúzia e meia de maçãs
e 1 mamão para fazer uma vitamina para os seus sobrinhos.
Quantas frutas foram usadas nessa vitamina?

Foram usadas _____ frutas nessa vitamina.

4 ⋮ Terço

🎓 Aprendendo

▪ Ana dará a Isabela um terço de suas 15 bonecas.

> Para determinar o **terço** de um número, dividimos esse número por 3.

PAULO BORGES

Um terço de 15 é 5, pois 15 ÷ 3 = 5.

Ana dará 5 bonecas a Isabela.

✏️ Praticando

1 Determine:

a) um terço de 6 ▶ _____

b) um terço de 21 ▶ _____

2 Complete.

a) 3 é um terço de _____ .

b) 4 é um terço de _____ .

c) 6 é um terço de _____ .

d) 8 é um terço de _____ .

3 Ana tinha 30 reais. Ela gastou um terço do seu dinheiro na padaria e, com metade do que sobrou, comprou um caderno.

Assinale **V** para as afirmações verdadeiras e **F** para as afirmações falsas.

☐ Após a compra do caderno, Ana ficou com 10 reais.

☐ Ana gastou 15 reais na padaria.

☐ O caderno que Ana comprou custou 10 reais.

Escrever um texto com base nas informações de gráficos e tabelas

1 Magali fez uma pesquisa com seus colegas de trabalho para saber, entre os estilos musicais samba, sertanejo, forró e *rock*, qual era o preferido deles. Com os dados da pesquisa, ela construiu o gráfico abaixo.

PLURALIDADE CULTURAL

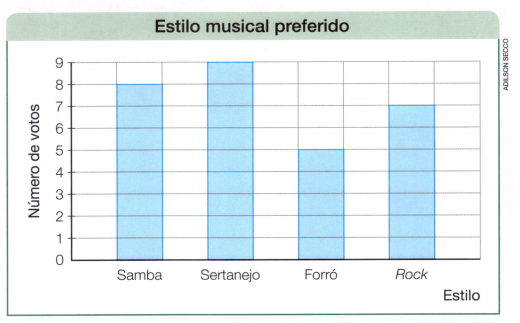

Estilo musical preferido

ADILSON SECCO

Dados obtidos por Magali em agosto de 2019.

a) Converse com os colegas e responda às questões.

- Se Magali fizesse essa pesquisa entre seus familiares e vizinhos, será que as pessoas teriam as mesmas preferências musicais?

- Você gosta de ouvir música? Qual estilo musical você prefere?

b) Escreva um pequeno texto comparando seus estilos musicais preferidos com os estilos mostrados no gráfico.

_____

_____

_____

_____

2 A escola de Alexandre e a escola de Caio fizeram uma campanha para arrecadar materiais para doar a um asilo de idosos. Veja nas tabelas abaixo os materiais e as quantidades arrecadadas pelas duas escolas.

FORMAÇÃO CIDADÃ

Arrecadação na escola de Alexandre	
Material	Quantidade
Pacote de fraldas	90
Cobertor	26
Escova de dente	72

Dados obtidos pela escola de Alexandre em maio de 2019.

Arrecadação na escola de Caio	
Material	Quantidade
Pacote de fraldas	74
Cobertor	35
Escova de dente	60

Dados obtidos pela escola de Caio em maio de 2019.

a) Qual escola arrecadou 6 dúzias de escovas de dente: a de Alexandre ou a de Caio?

_____

b) Qual escola arrecadou maior quantidade de cada material? E qual arrecadou mais material no total? Escreva um pequeno texto que contenha essas informações e as justificativas para cada uma.

_____

_____

_____

_____

_____

_____

_____

1 Dividindo, igualmente, os presentes ao lado entre as duas crianças, com quantos presentes cada uma ficará?

Cada criança ficará com _____ presentes.

2 Isabela dividiu 18 livros entre seus 3 colegas em quantidades iguais. Quantos livros recebeu cada um?

Cada um recebeu _____ livros.

3 João plantou 15 mudas de árvore em seu sítio, dividindo-as em quantidades iguais em 3 canteiros. Quantas mudas foram plantadas em cada canteiro?

Foram plantadas _____ mudas em cada canteiro.

4 Para participar de uma competição, 35 ciclistas foram distribuídos em equipes de 5 atletas. Quantas equipes foram formadas?

Foram formadas _____ equipes com 5 atletas em cada uma.

5 Rogério tem uma dúzia e meia de figurinhas. O irmão dele tem a metade dessa quantidade. Quantas figurinhas têm os dois juntos?

Os dois juntos têm _____ figurinhas.

6 Durante 6 semanas, Renato pintou 3 quadros por semana para distribuir igualmente entre 2 lojas. Quantos quadros cada loja receberá?

JOSÉ LUÍS JUHAS

Cada loja receberá _____ quadros.

7 Isabela deu uma cédula de 50 reais para pagar uma boneca que custa 35 reais. Depois, ela gastou um terço do troco para comprar um estojo. Quanto custou o estojo que Isabela comprou?

O estojo custou _____ reais.

 **Desafio**

Ricardo levou seu filho e alguns amigos dele ao parque de diversões. Lá, ele comprou 22 fichas. Distribuiu 4 a cada criança e ficou com as 2 fichas que sobraram. Quantas crianças foram ao parque com Ricardo?

Foram ao parque com Ricardo _____ crianças.

Medidas de tempo e temperatura

1. Que horas está marcando o relógio da sala de aula?

2. No calendário da sala de aula, o dia 10 cai em que dia da semana?

3. Na sua opinião, que conteúdo representado parece estar com maior temperatura: o que está no recipiente A ou o que está no recipiente B? Justifique sua resposta.

🎓 Aprendendo

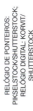

🔲 Usamos o relógio para medir o tempo e marcar as horas. Os relógios mais usados são o de ponteiros e o digital.

Relógio de ponteiros

Relógio digital

Nos relógios de ponteiros, há um ponteiro menor e um ponteiro maior. Quando o ponteiro maior aponta para o número 12, as horas são exatas e correspondem ao número indicado pelo ponteiro menor. Já no relógio digital, as horas aparecem indicadas no visor.

> Um **dia inteiro** tem **24 horas**.

Observe as horas indicadas nos relógios para os dois casos a seguir.

Antes do meio-dia

| 2 horas | 5 horas | 8 horas | 10 horas |

Depois do meio-dia

| 14 horas | 17 horas | 20 horas | 22 horas |

◤ Um ônibus demorou 1 hora para chegar ao ponto. Isso é o mesmo que dizer que ele demorou 60 minutos.

> **1 hora** é o mesmo que **60 minutos**.

Outro ônibus demorou **meia hora** para chegar ao ponto. Então, ele demorou 30 minutos.

Estes relógios estão marcando o mesmo horário.

Os relógios estão marcando o mesmo horário, pois ambos marcam 9 e meia ou 9 horas e 30 minutos.

Praticando

1 Preencha o quadro a seguir com as atividades que você costuma fazer durante o dia e o horário aproximado em que inicia cada uma.

Atividade	Horário

2 São 12 horas ou meio-dia. Desenhe os ponteiros no relógio para indicar esse horário.

📖 Sugestão de leitura

Marcelo: de hora em hora, de Ruth Rocha.

Leia mais informações sobre este livro na página 287.

ILUSTRAÇÕES: JOSÉ LUIS JUHAS

3 Observe como é o dia de Iaci. Depois, desenhe os ponteiros nos relógios com a hora indicada abaixo deles.

| Acorda às 6 horas. | Vai para a escola às 7 horas. | Lancha às 9 horas. | Volta para casa às 11 horas. |

- Agora, escreva a hora de acordo com os relógios.

| Almoça às 13 horas. | Passeia no parque às _____ horas. | Janta às _____ horas e _____ minutos. | Dorme às _____ horas e _____ minutos. |

4 Ana observou o cuco para acertar o seu relógio digital. Escreva, nos relógios abaixo, as duas possíveis horas que ela poderia colocar em seu relógio.

INTERFOTO 284C/LATINSTOCK

5 Observe os relógios com as horas de início e fim de um filme.

Início

Fim

- Quanto tempo durou esse filme?

_____

ILUSTRAÇÕES: JOSÉ LUIS JUHAS

2 Os dias da semana

Aprendendo

1 Observe os 7 dias que existem em uma semana.

Quinta-feira

Segunda-feira

Domingo

Quarta-feira

Sábado

Sexta-feira

Terça-feira

Começando no domingo, podemos escrever na ordem certa os dias da semana assim:

Domingo – Segunda-feira – Terça-feira – Quarta-feira – Quinta-feira – Sexta-feira – Sábado

Praticando

1 Preencha os quadros com os dias que vêm imediatamente antes e imediatamente depois do domingo e da segunda-feira.

	domingo	
	segunda-feira	

2 Luciano foi para a casa de sua avó em uma quinta-feira de manhã e retornou na segunda-feira à noite da semana seguinte. Escreva os dias da semana em que Luciano ficou na casa de sua avó.

3 Em quais dias da semana você não tem aula?

Aprendendo

🔟 Certamente você já viu muitos calendários.

Em um calendário, são indicados os dias da semana, os dias do mês e os meses do ano.

Mês do ano

Dias da semana

Dias do mês

Os 12 meses que formam 1 ano não têm o mesmo número de dias.
Veja no quadro a seguir.

Número do mês	Mês	Número de dias
1	Janeiro	31
2	Fevereiro	28 ou 29
3	Março	31
4	Abril	30
5	Maio	31
6	Junho	30

Número do mês	Mês	Número de dias
7	Julho	31
8	Agosto	31
9	Setembro	30
10	Outubro	31
11	Novembro	30
12	Dezembro	31

Praticando

1 Observe o calendário a seguir e complete os espaços.

2020

JANEIRO						
Dom	Seg	Ter	Qua	Qui	Sex	Sáb
			1	2	3	4
5	6	7	8	9	10	11
12	13	14	15	16	17	18
19	20	21	22	23	24	25
26	27	28	29	30	31	

FEVEREIRO						
Dom	Seg	Ter	Qua	Qui	Sex	Sáb
						1
2	3	4	5	6	7	8
9	10	11	12	13	14	15
16	17	18	19	20	21	22
23	24	25	26	27	28	29

MARÇO						
Dom	Seg	Ter	Qua	Qui	Sex	Sáb
1	2	3	4	5	6	7
8	9	10	11	12	13	14
15	16	17	18	19	20	21
22	23	24	25	26	27	28
29	30	31				

ABRIL						
Dom	Seg	Ter	Qua	Qui	Sex	Sáb
			1	2	3	4
5	6	7	8	9	10	11
12	13	14	15	16	17	18
19	20	21	22	23	24	25
26	27	28	29	30		

MAIO						
Dom	Seg	Ter	Qua	Qui	Sex	Sáb
					1	2
3	4	5	6	7	8	9
10	11	12	13	14	15	16
17	18	19	20	21	22	23
24	25	26	27	28	29	30
31						

JUNHO						
Dom	Seg	Ter	Qua	Qui	Sex	Sáb
	1	2	3	4	5	6
7	8	9	10	11	12	13
14	15	16	17	18	19	20
21	22	23	24	25	26	27
28	29	30				

JULHO						
Dom	Seg	Ter	Qua	Qui	Sex	Sáb
			1	2	3	4
5	6	7	8	9	10	11
12	13	14	15	16	17	18
19	20	21	22	23	24	25
26	27	28	29	30	31	

AGOSTO						
Dom	Seg	Ter	Qua	Qui	Sex	Sáb
						1
2	3	4	5	6	7	8
9	10	11	12	13	14	15
16	17	18	19	20	21	22
23	24	25	26	27	28	29
30	31					

SETEMBRO						
Dom	Seg	Ter	Qua	Qui	Sex	Sáb
		1	2	3	4	5
6	7	8	9	10	11	12
13	14	15	16	17	18	19
20	21	22	23	24	25	26
27	28	29	30			

OUTUBRO						
Dom	Seg	Ter	Qua	Qui	Sex	Sáb
				1	2	3
4	5	6	7	8	9	10
11	12	13	14	15	16	17
18	19	20	21	22	23	24
25	26	27	28	29	30	31

NOVEMBRO						
Dom	Seg	Ter	Qua	Qui	Sex	Sáb
1	2	3	4	5	6	7
8	9	10	11	12	13	14
15	16	17	18	19	20	21
22	23	24	25	26	27	28
29	30					

DEZEMBRO						
Dom	Seg	Ter	Qua	Qui	Sex	Sáb
		1	2	3	4	5
6	7	8	9	10	11	12
13	14	15	16	17	18	19
20	21	22	23	24	25	26
27	28	29	30	31		

a) Um ano tem _____ meses.

b) No calendário acima, o mês de fevereiro tem _____ dias.

2 Pinte de azul os meses com 30 dias, de vermelho os meses com 31 dias e de amarelo o mês com 28 ou 29 dias.

janeiro	fevereiro	março	abril	maio	junho

julho	agosto	setembro	outubro	novembro	dezembro

PAULO BORGES

3 Observe o calendário do mês de agosto de 2020.

AGOSTO						
Dom	Seg	Ter	Qua	Qui	Sex	Sáb
						1
2	3	4	5	6	7	8
9	10	11	12	13	14	15
16	17	18	19	20	21	22
23	24	25	26	27	28	29
30	31					

a) Em que dia da semana começa esse mês? _____

b) Em que dia da semana esse mês termina? _____

c) Quantos domingos há nesse mês?

_____

4 Observe a cena.

Não se esqueça de que, nesse mês, temos prova de Matemática no dia 11 e que o nosso primeiro dia de férias será dia 18.

Vou ao dentista no dia 3 de dezembro e devo retornar lá no dia 15 de dezembro.

a) Ajude Iaci a organizar sua agenda.

03/12/2020 – Dentista

15/12/2020 – Retorno ao dentista

b) Complete as frases de acordo com a agenda de Iaci.

• Iaci vai retornar ao dentista _____ dias depois da sua ida no dia _____ de dezembro.

• As férias de Iaci e Lucas começarão _____ dias após o dia da prova de Matemática.

5 Os alunos do 2º ano construíram um gráfico para mostrar quantos alunos da escola faziam aniversário em cada mês do ano. Observe e responda.

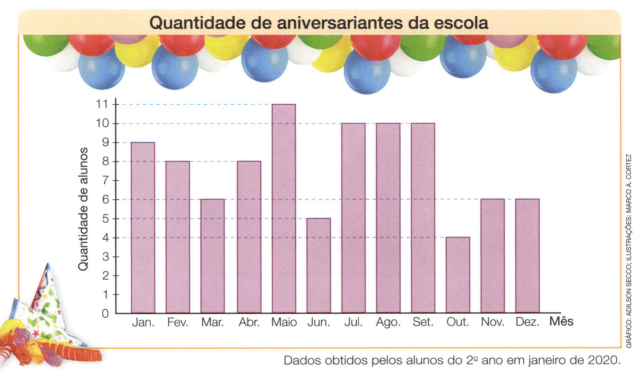

Dados obtidos pelos alunos do 2º ano em janeiro de 2020.

GRÁFICO: ADILSON SECCO; ILUSTRAÇÕES: MARCO A. CORTEZ

a) Em que mês há mais aniversários? Quantos são?

_____

b) Em que mês há menos aniversários? Quantos?

_____

4 ⫶ O termômetro

🎓 Aprendendo

🔷 O termômetro é usado para medir temperatura. Uma unidade de medida que usamos para medir temperatura é o **grau Celsius**, que indicamos por **°C**.

No termômetro da foto ao lado, a temperatura marcada é 2 graus Celsius.

FABIO COLOMBINI

Turistas na praça João Ribeiro, em São Joaquim (SC). Foto de julho de 2017.

1 Isabela e seu pai estão assistindo à previsão do tempo na TV.

Previsão do Tempo
16/10 – 30 °C
17/10 – 29 °C
18/10 – 20 °C

- Considere a previsão do tempo da TV e faça o que se pede.

  a) No dia 16/10, segundo a previsão do tempo, fará _____ graus Celsius.

  b) No dia 17/10, segundo a previsão do tempo, fará _____ graus Celsius.

  c) No dia 18/10, segundo a previsão do tempo, fará _____ graus Celsius.

  d) Em qual desses dias há previsão de maior temperatura? _____

  e) Qual é a diferença, em grau Celsius, entre a maior temperatura prevista

  e a menor temperatura prevista? _____

2 Destaque os termômetros da página **A15** no final do livro e cole-os abaixo, de modo que fiquem ordenados da menor para a maior temperatura.

EDNEI MARX

Fazendo uma pesquisa

1 Ana entrevistou 30 alunos da sua turma. Veja a entrevista que ela fez com Bruno.

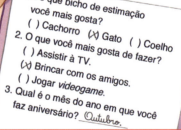

- O que Ana precisa fazer para terminar a pesquisa?

  Converse com os colegas.

2 Agora é a sua vez! Reúna-se com três colegas e façam uma pesquisa seguindo o roteiro ao lado.

Roteiro

1º Formulem três perguntas do interesse de vocês.

2º Coletem os dados de que necessitam entrevistando os alunos da sua turma.

3º Representem os dados coletados por vocês em uma tabela ou em um gráfico de barras verticais ou horizontais.

4º Analisem os resultados obtidos e tirem algumas conclusões.

ILUSTRAÇÕES: EDNEI MARX

1 Que hora cada relógio está marcando? Observe e complete.

- Antes do meio-dia

  _____ horas   _____ horas   _____ horas

- Depois do meio-dia

  _____ horas   _____ horas   _____ horas

2 Uma partida de tênis teve início ao meio-dia e terminou às 14 horas. Qual foi a duração da partida?

A partida durou _____ horas.

3 Ligue os relógios que estão marcando a mesma hora.

4 Andréa viajou durante uma semana e quatro dias. Quantos dias durou a viagem de Andréa?

A viagem de Andréa durou _____ dias.

5 Isabela leu das 8 horas e 30 minutos até as 10 horas e 30 minutos. Durante quanto tempo ela leu?

Isabela leu durante _____.

6 Observe as cenas abaixo.

a) Mário e Iaci olharam o relógio na mesma hora? _____

b) Que horas os relógios estão marcando? _____

7 No dia 15 de outubro, Mário marcou em seu calendário a final do torneio de basquete do colégio, que será no sábado seguinte.

• Cerque com uma linha o dia da final do torneio de basquete.

OUTUBRO						
Dom	Seg	Ter	Qua	Qui	Sex	Sáb
				1	2	3
4	5	6	7	8	9	10
11	12	13	14	15	16	17
18	19	20	21	22	23	24
25	26	27	28	29	30	31

8 Iaci e sua mãe estavam passeando e viram que o termômetro de rua marcava 26 °C. Ao entrarem no carro, escutaram que a temperatura máxima prevista para o dia seria de 32 °C. Qual a diferença, em grau Celsius, entre as duas temperaturas?

_____

9 O pai de Ana tentou fazer um bolo de chocolate, mas não deu certo. Ao ler a receita que ele usou, a avó de Ana sugeriu a ele que fizesse novamente o bolo e o levasse ao forno com o dobro da temperatura e pela metade do tempo.

- Reescreva o 2º passo da receita ao lado, alterando-a conforme a avó de Ana sugeriu.

_____

_____

Modo de Preparo:

1. Misture todos os ingredientes. Coloque em uma forma.

2. Leve ao forno a 90 °C por 1 hora.

 Desafio

Em determinada semana, Bruno estudou uma hora e meia por dia, de segunda-feira a sábado. Quantas horas, ao todo, Bruno estudou nessa semana?

Bruno estudou _____ horas nessa semana.

Sugestões de leitura

Era uma vez um menino travesso...

Bia Villela, Moderna. (Coleção Sim)

Contando a história de um garoto que tem muitos amigos, gosta de animais de estimação e toca violino, *Era uma vez um menino travesso...* explora o número no seu significado de quantidade. O livro trabalha, ainda, com algumas representações de um mesmo número e apresenta diversos conjuntos com a quantidade em foco.

Quem ganhou o jogo? – Explorando a adição e a subtração

Ricardo Dreguer, Moderna. (Série Crianças poderosas)

Lucas é um garoto de 7 anos que adora esportes. Pilotando sua cadeira de rodas amarela, ele aprendeu a explorar o mundo. Na companhia de seus amigos Paulo e Priscila, Lucas se diverte juntando objetos e fazendo contas. Eles vão explorar a adição e a subtração enquanto aprendem mais sobre a importância do grupo jogando minibasquete.

Reciclagem – a aventura de uma garrafa

Mick Manning e Brita Granström, Ática. (Coleção Xereta)

O que pode acontecer quando uma garrafa é jogada fora? Enquanto levantam hipóteses sobre o destino de uma garrafa jogada ao mar, os autores abordam, de forma lúdica, a importância da reciclagem e da educação ambiental.

Marcelo: de hora em hora

Ruth Rocha, Salamandra. (Série Marcelo, Marmelo, Martelo)

Neste livro você vai aprender, junto com o Marcelo, uma forma divertida de ver as horas, além de entender como e por que as pessoas dividem o tempo em pedacinhos.

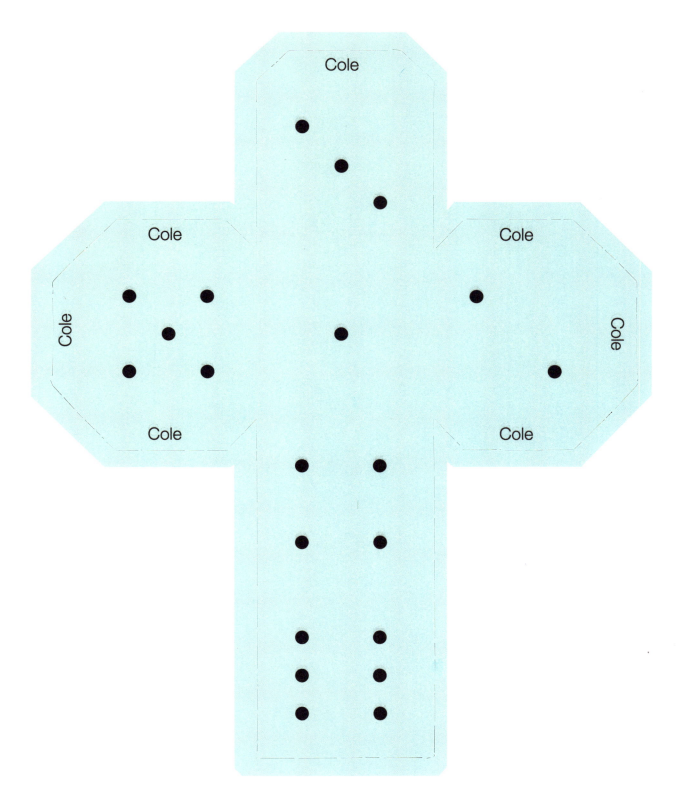

Este suplemento é parte integrante da obra *Matemática*, de Ênio Silveira e
Cláudio Marques. Não pode ser vendido separadamente. Editora Moderna.

Este suplemento é parte integrante da obra *Matemática*, de Ênio Silveira e
Cláudio Marques. Não pode ser vendido separadamente. Editora Moderna.

Parte **A**

Parte **B**

Para guardar cédulas e moedas

Nome: _____

Turma: _____

Este suplemento é parte integrante da obra *Matemática*, de Ênio Silveira e
Cláudio Marques. Não pode ser vendido separadamente. Editora Moderna.

dobre aqui

dobre aqui

dobre aqui

dobre aqui

colar a Parte **B** aqui

colar a Parte **A** aqui

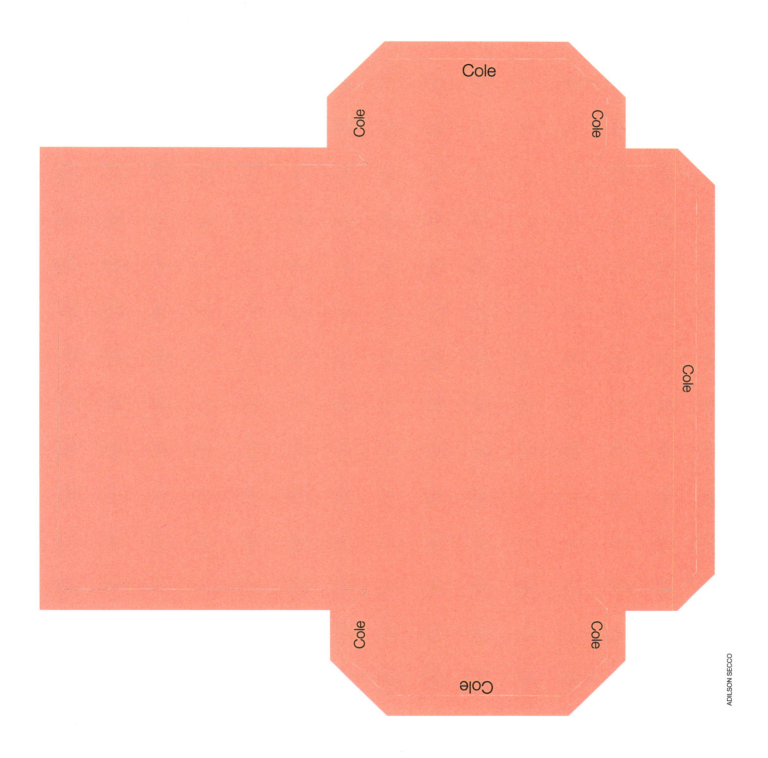

Cole

Cole

Cole

Cole

Cole

Cole

Cole

Cole

ADILSON SECCO

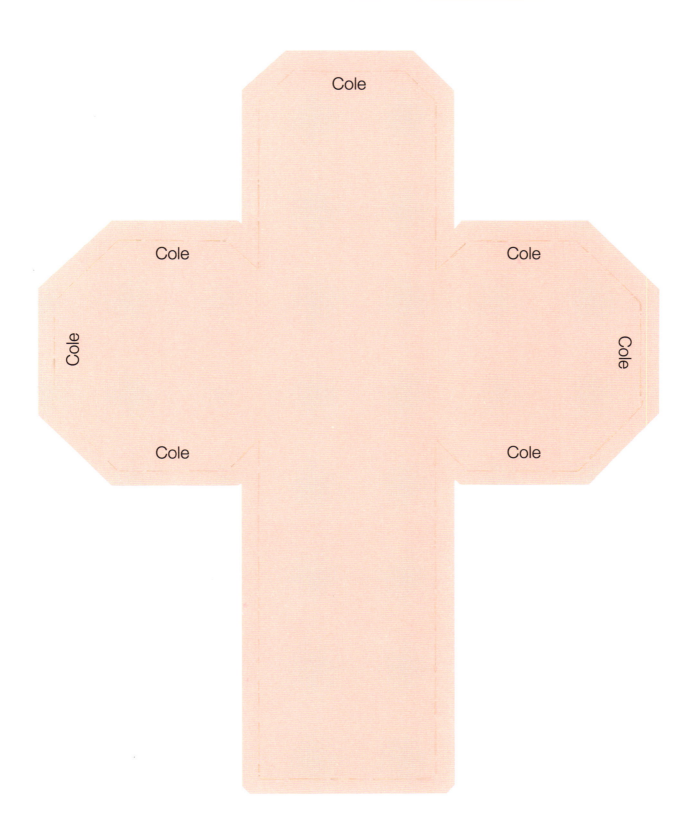

Cole

Cole

Cole

Cole

Cole

Cole

Cole

ADILSON SECCO

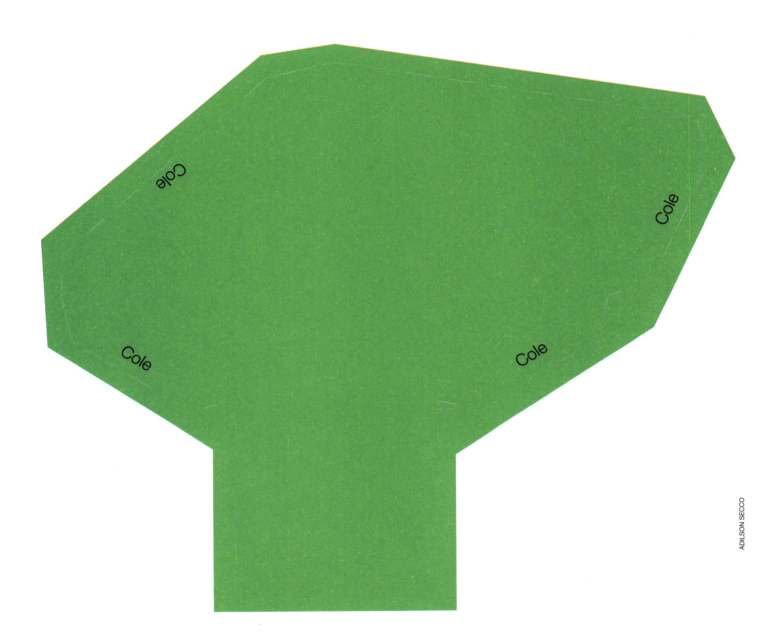

ADILSON SECCO

Cole

ADILSON SECCO

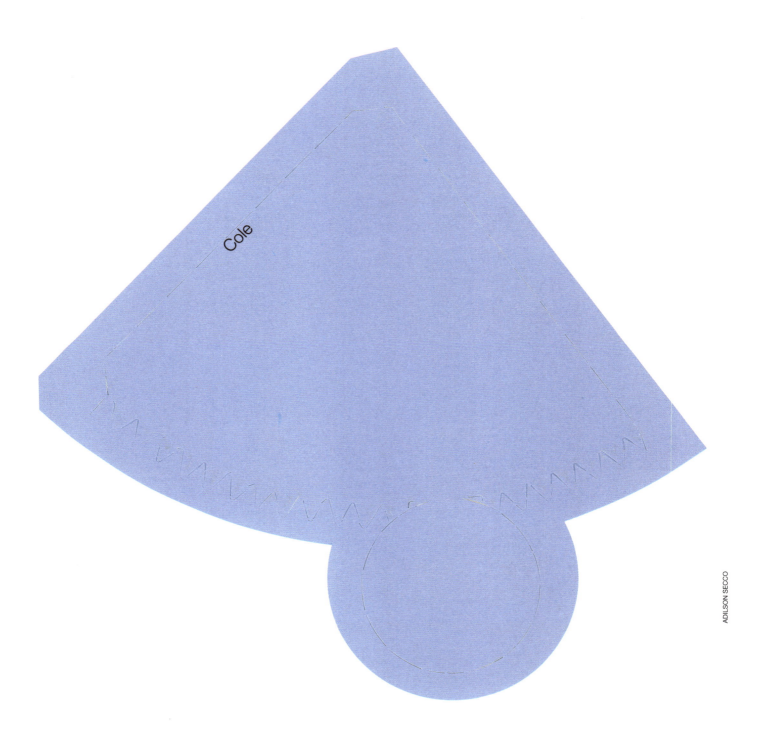

Cole

ADILSON SECCO

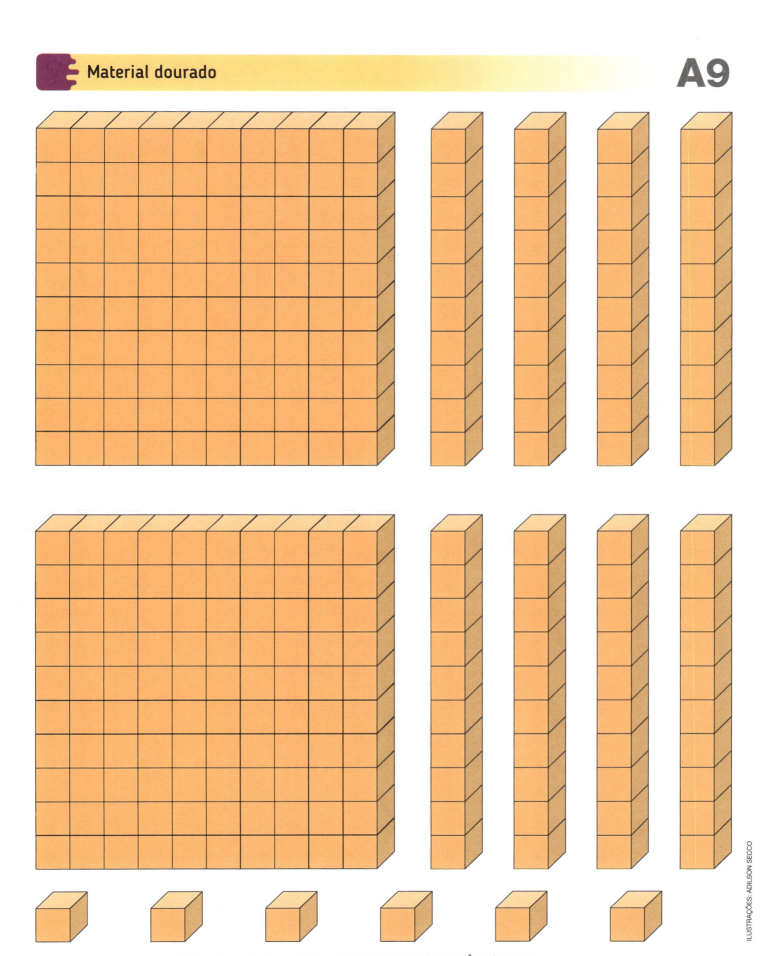

ILUSTRAÇÕES: ADILSON SECCO

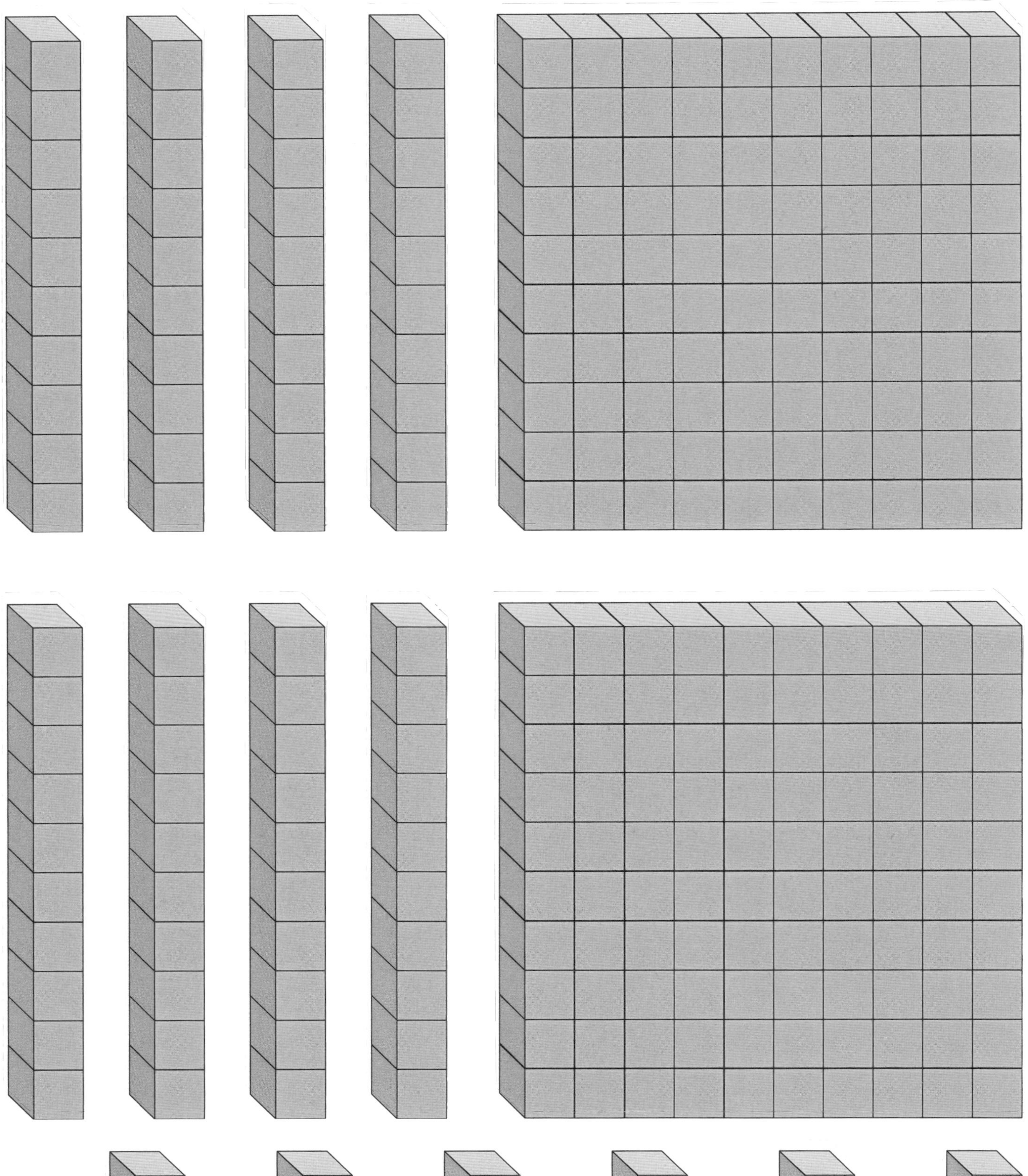

ILUSTRAÇÕES: ADILSON SECCO

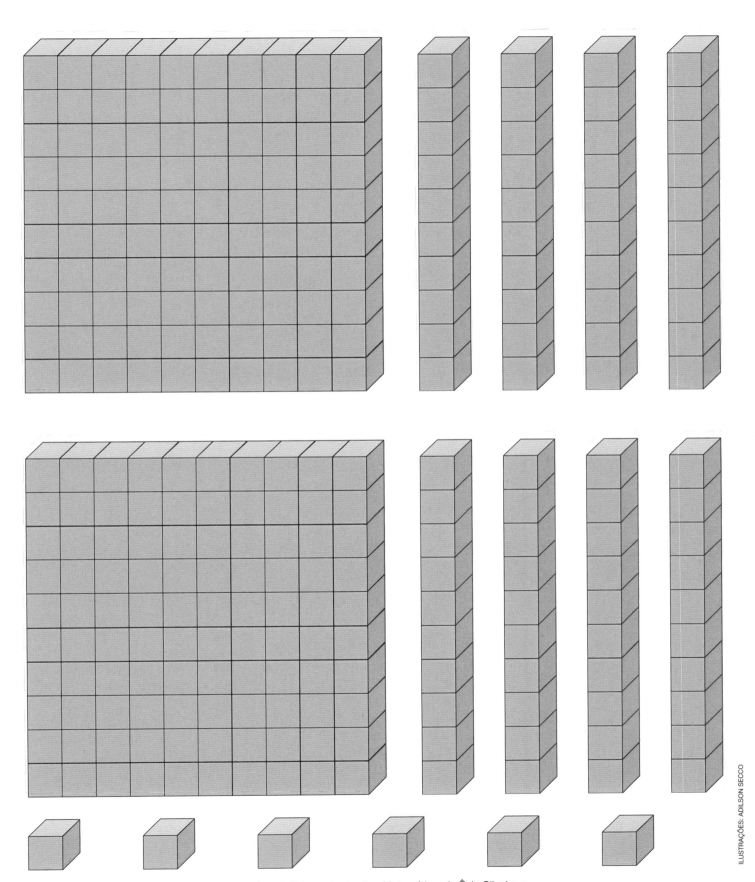

Este suplemento é parte integrante da obra *Matemática*, de Ênio Silveira e
Cláudio Marques. Não pode ser vendido separadamente. Editora Moderna.

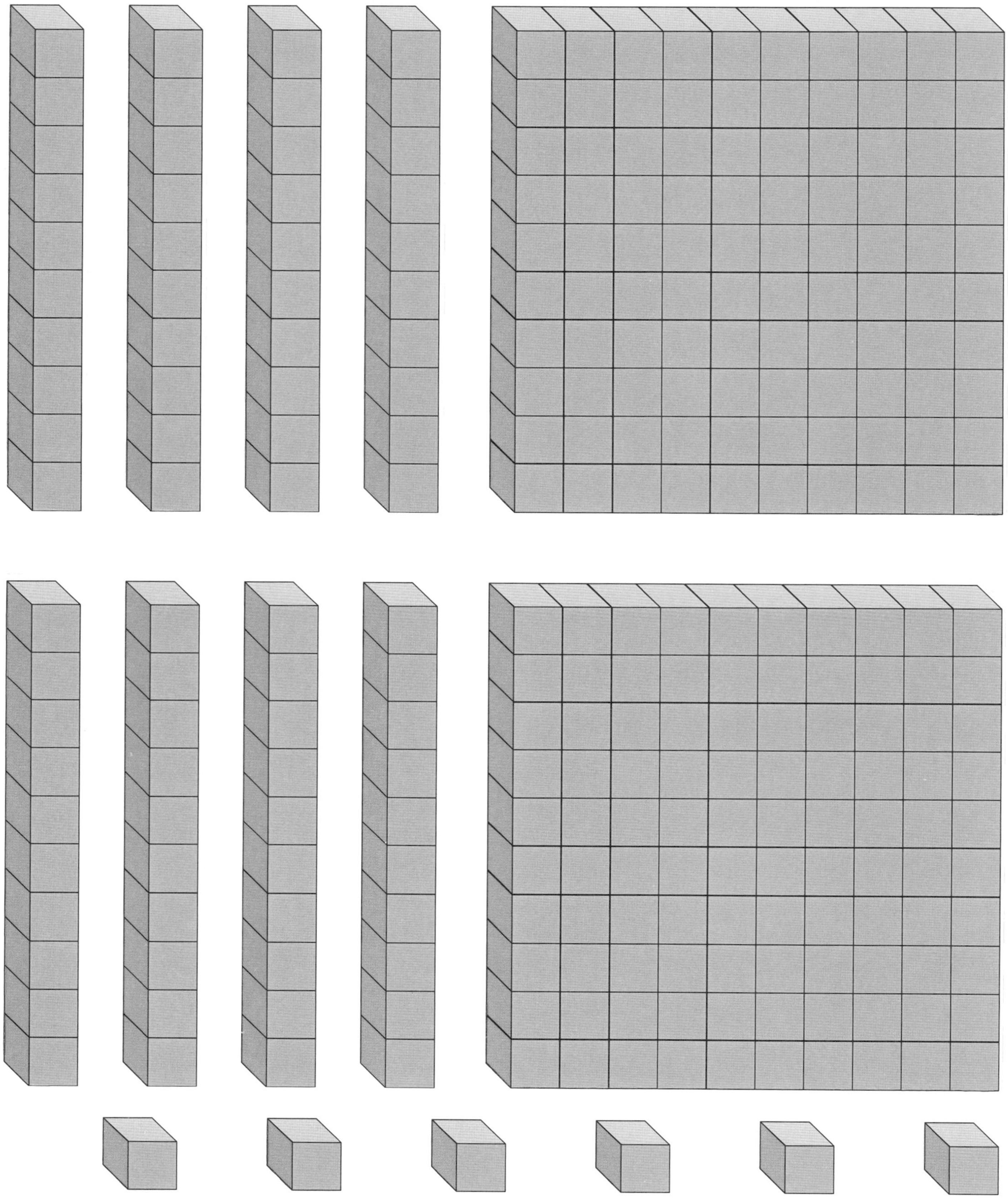

ILUSTRAÇÕES: ADILSON SECCO

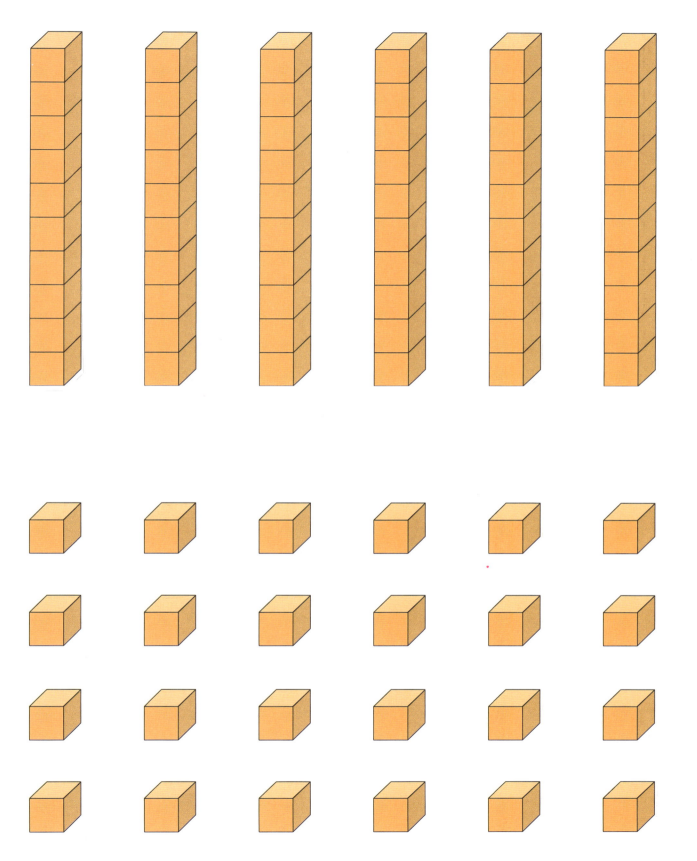

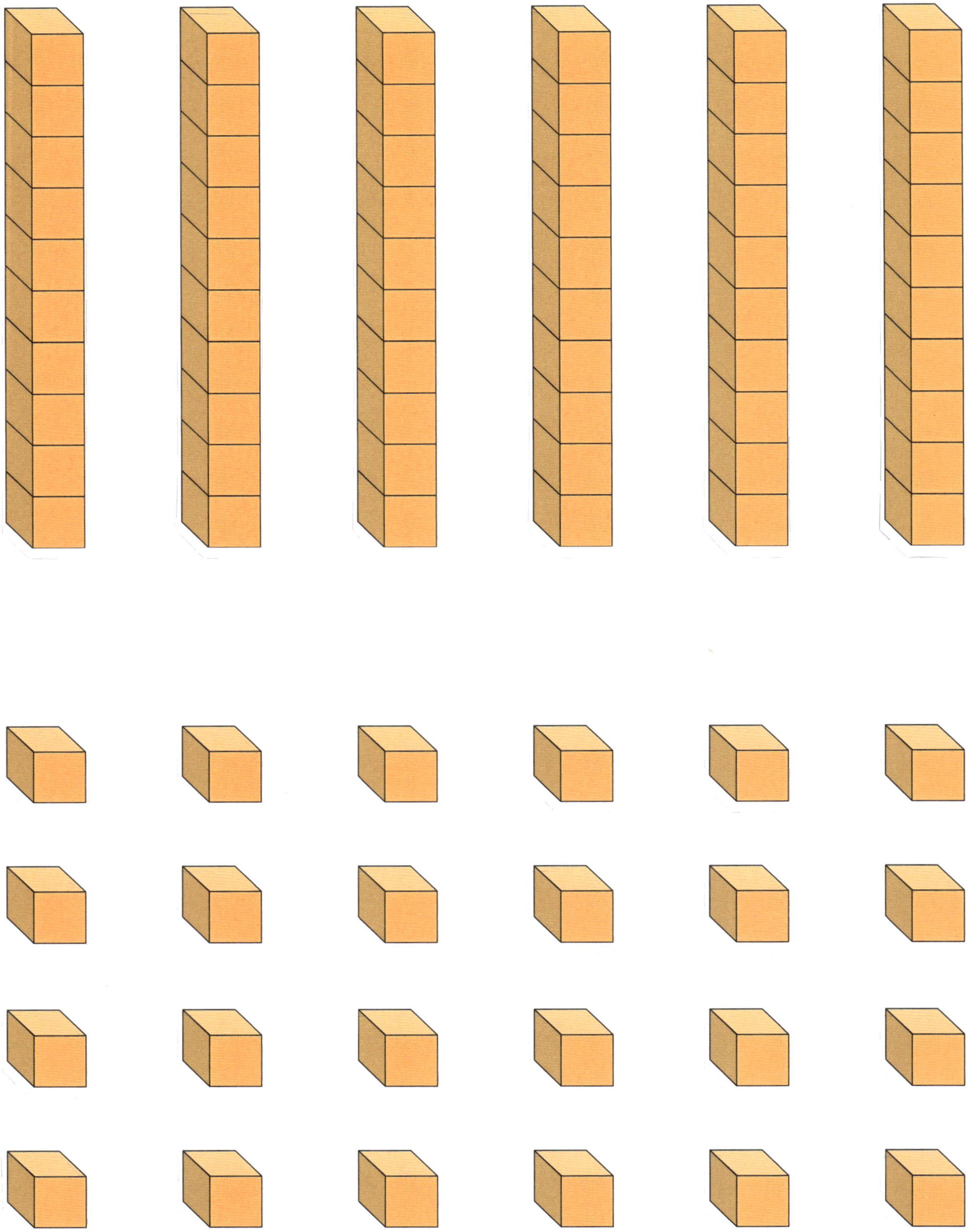

ILUSTRAÇÕES: ADILSON SECCO

Este suplemento é parte integrante da obra *Matemática*, de Ênio Silveira e
Cláudio Marques. Não pode ser vendido separadamente. Editora Moderna.

Parte **A**

Parte **B**

Para guardar materiais

Nome:

Turma:

ADILSON SECCO

dobre aqui

dobre aqui

dobre aqui

dobre aqui

colar a Parte **B** aqui

colar a Parte **A** aqui

ADILSON SECCO

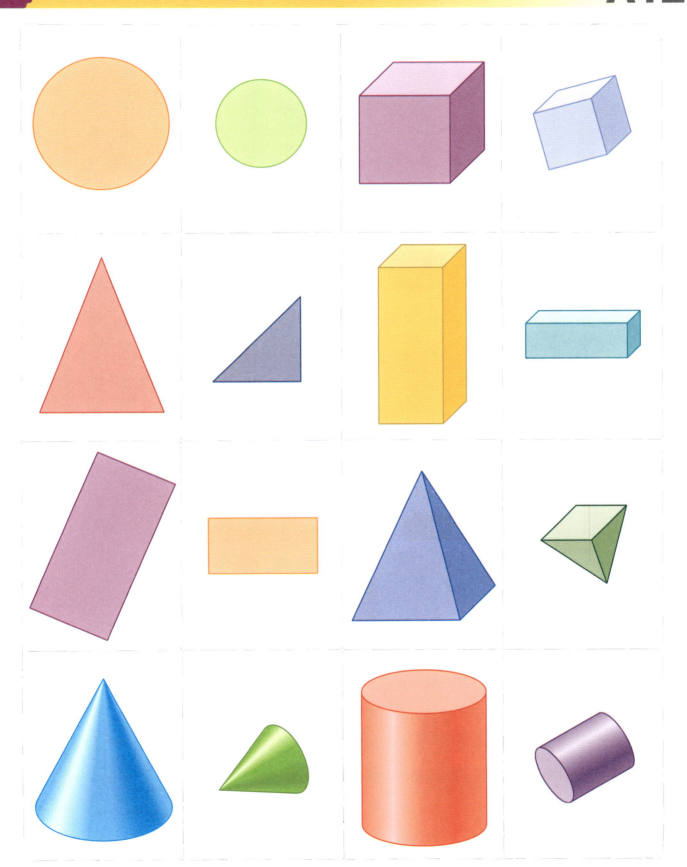

Este suplemento é parte integrante da obra *Matemática*, de Ênio Silveira e
Cláudio Marques. Não pode ser vendido separadamente. Editora Moderna.

Memória das figuras	Memória das figuras	Memória das figuras	Memória das figuras
Memória das figuras	Memória das figuras	Memória das figuras	Memória das figuras
Memória das figuras	Memória das figuras	Memória das figuras	Memória das figuras
Memória das figuras	Memória das figuras	Memória das figuras	Memória das figuras

Separando compras

- Vendido em: centímetro ou metro.

- Vendido em: quilograma.

- Vendido em: litro.

ADILSON SECCO

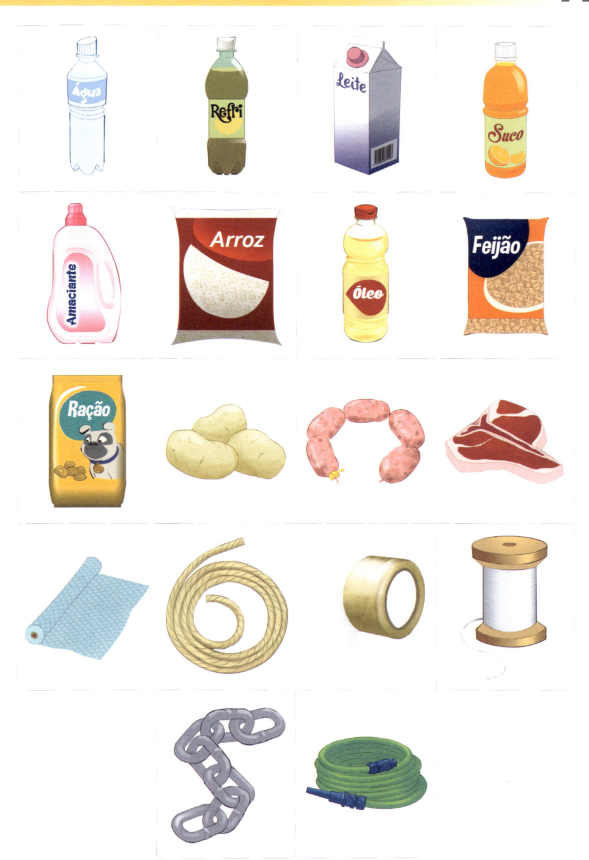

Este suplemento é parte integrante da obra *Matemática*, de Ênio Silveira e Cláudio Marques. Não pode ser vendido separadamente. Editora Moderna.

ILUSTRAÇÕES: WAGNER WILLIAN

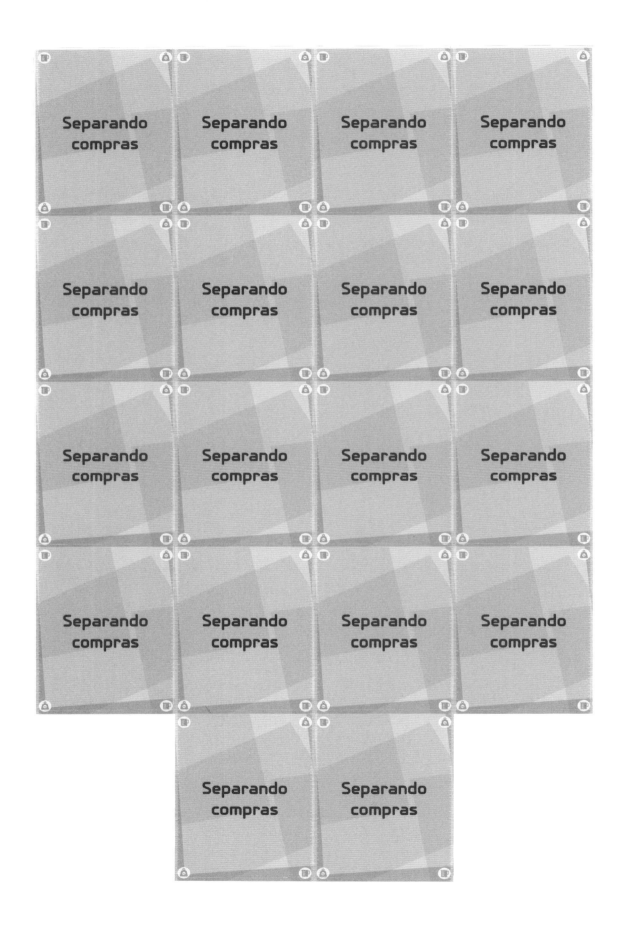

JOSÉ LUIS JUHAS